Richard Strauß

Geheimnisse biblischer Ehen

DIE FLITTERWOCHEN SIND VORBEI

Verlag der Francke-Buchhandlung GmbH
Marburg an der Lahn

CIP-Kurztitelaufnahme der Deutschen Bibliothek

Strauss, Richard:
Geheimnisse biblischer Ehen: d. Flitterwochen sind vorbei / Richard Strauss.
[Übertr. aus d. Amerikan.: Charlotte Rathmann].
2. Aufl. — Marburg an d. Lahn: Francke, 1985.
(Edition C: F; Nr. 14)
Einheitssacht.: Living in love ‹dt.›

ISBN 3-88224-417-8

NE: Edition C/F

2. Auflage 1985
(Die 1. Auflage erschien unter dem Titel „Die Flitterwochen sind vorbei")

Originaltitel: LIVING IN LOVE

Übertragung aus dem Amerikanischen: Charlotte Rathmann
Umschlaggestaltung: Litera
Titelfoto: „Jakobs Segen" von Rembrandt Harmensz van Rijn,
Archiv für Kunst und Geschichte, Berlin
Gesamtherstellung: Schönbach-Druck GmbH, 6106 Erzhausen

Edition C, Nr. F 14

Inhaltsangabe

Seite

1 *Die Flitterwochen sind vorbei*
Die Geschichte von Adam und Eva 7

2 *Ja, mein Herr*
Die Geschichte von Abraham und Sara 16

3 *Sprich mit mir*
Die Geschichte von Isaak und Rebekka 27

4 *Niemals zufrieden*
Die Geschichte von Jakob und Rahel.................... 39

5 *Zwei Menschen reifen heran*
Die Geschichte von Boas und Ruth 50

6 *Gefangen in den Netzen des Versuchers*
Die Geschichte von David und Bathseba 60

7 *Mein Wille*
Die Geschichte von Ahab und Isebel 71

8 *Unsterbliche Liebe*
Die Geschichte von Hosea und Gomer 80

9 *Für solch eine Zeit wie diese*
Die Geschichte von Ahasveros und Esther............... 89

10 *Unmögliche Dinge geschehen*
Die Geschichte von Zacharias und Elisabeth 99

11 *Vertraust du mir?*
Die Geschichte von Joseph und Maria.................. 109

12 *Wir wollen aufrichtig sein*
Die Geschichte von Ananias und Saphira 117

13 *Seite an Seite*
Die Geschichte von Aquila und Priscilla 126

1

Die Flitterwochen sind vorbei

Die Geschichte von Adam und Eva

„Honigmonde", das heißt Flitterwochen, sind kostbare Zeiten. Das Wort selbst sprudelt förmlich vor Frische und freudiger Erregung einer jungen Liebe. Der Ausdruck scheint eigens dafür geprägt, dem Gedanken Ausdruck zu verleihen, daß der erste Mond oder der erste Monat einer Ehe der lieblichste ist und am meisten Erfüllung bringt. Aber so sollte es gerade nicht sein. Es wäre Gott wohlgefällig, wenn unsere Ehen von Tag zu Tag besser würden. Jeder neue Monat sollte lieblicher und glücklicher sein als der vorausgegangene. Aber leider müssen wir feststellen, daß einige Ehen sich genau als das entpuppen, was das Wort „Honigmond" nahelegt — der erste Monat war der beste, und von da an ist alles abwärts gegangen. Vielleicht können wir dabei eine Hilfe sein, den Trend der Zeit ins Gegenteil umzukehren, indem wir das Wort Gottes näher betrachten.

Die Schrift spricht nicht ausdrücklich darüber, aber ich habe das Gefühl, daß für Adam und Eva die Flitterwochen viel länger als einen Monat andauerten. Gott allein weiß, wie viele Monate oder Jahre reinen und höchsten Glücks zwischen Kapitel 2 und 3 im 1. Buch Mose liegen. Aber keine menschliche Beziehung übertraf in jenen frühen Tagen diejenige von Adam und Eva an ungetrübter Freude und überströmendem Entzücken. Es war ohne Zweifel die vollkommene Ehe.

Denken wir einen Augenblick darüber nach. Wenn jemals eine Ehe im Himmel geschlossen wurde, dann ist es diese. Sie war von einem vollkommenen Gott vollkommen geplant und vollkommen ausgeführt. Zuerst schuf er Adam (1. Mose 2, 7). Geformt von dem Schöpfer aller Dinge, war Adam zweifellos von makelloser Gestalt und hatte urwüchsig schöne Züge. Und er war nach dem Bilde Gottes geschaffen (1. Mose 1,27). Das bedeutet: er war eine Gott-ähnliche Persönlichkeit — vollkommen im Geist, in den Gefühlen und im Willen. Sein Verstand war brillant und noch von keiner Sünde getrübt. Seine Gefühle waren ohne Fehl, seine Liebe zart-empfindsam und völlig uneigensüchtig. Und er hatte einen Willen, der in voller Harmonie mit den Absichten seines Schöpfers stand. Ihr Frauen, wer von euch hätte nicht gerne einen solchen Mann? Körperlich, geistig, gefühlsmäßig und geistlich vollkommen?

Doch hören wir nun etwas über Eva. ,,Da ließ Gott der Herr einen tiefen Schlaf fallen auf den Menschen, und er schlief ein. Und er nahm seiner Rippen eine und schloß die Stätte zu mit Fleisch. Und Gott der Herr baute ein Weib aus der Rippe, die er von dem Menschen nahm, und brachte sie zu ihm" (1. Mose 2, 21—22). Adam muß starr vor Erstaunen und voller Wohlgefallen auf Eva geschaut haben. Dies war Gottes schöpferischer Geist in seiner höchsten Vollendung, makellose Grazie und Schönheit, reinste Lieblichkeit von Angesicht und Gestalt. Zugeschnitten von der Hand Gottes selbst, mußte Eva doch das prachtvollste Geschöpf gewesen sein, das jemals auf der Erde wandelte. Und gleich wie Adam, so war auch sie nach dem Bilde Gottes geschaffen. Ihr Geist, ihre Gefühle und ihr Wille waren noch von keiner Sünde befleckt. Welcher Mann gäbe nicht alles um eine solche Frau?

Adam stellte sogleich die Ähnlichkeit mit sich selbst fest. Er sagte: ,,Das ist doch Bein von meinem Bein und Fleisch von meinem Fleisch; man wird sie Männin heißen, darum daß sie vom Manne genommen ist" (1. Mose 2,23). Es scheint, daß Adam ohne irgendeine besondere Offenbarung von Gott instinktiv wußte, daß Eva von seinem Fleisch gemacht war; sie war ein Teil von ihm; sie war ihm gleich; sie war seine Ergänzung und sein Gegenstück. Er nannte sie Weib, ,,Männin". In zärtlicher Liebe zog er sie an sich. Sie machte seiner beißenden Einsamkeit ein Ende und erfüllte sein Leben mit Glückseligkeit. Sie war genau das, was er brauchte. Und nichts brachte ihr mehr Befriedigung als die Gewißheit, daß ihr Mann sie so sehr nötig hatte. Welch tiefes und unbeschreibliches Vergnügen fanden sie beide in ihrer Gemeinsamkeit! Wie liebte einer den andern!

Ihr Heim war der Garten Eden, der vollkommene Ort (1. Mose 2, 8). Das Wort Eden bedeutet „Wonne", und wonnevoll war er. Wohlbewässert am Urquell von vier Flüssen, war Eden ein saftiggrünes Paradies, bedeckt mit lauter wunderschönen genüßlichen Gewächsen (1. Mose 2, 9—10). Sie pflügten den Boden und bebauten das Land, aber da es weder Disteln noch sonst ein Unkraut gab, gegen das sie ankämpfen mußten, war ihre Arbeit völlig mühelos und erfreulich. Seite an Seite lebten sie und arbeiteten in vollkommener Harmonie; sie genossen gemeinsam eine Art gegenseitige Unabhängigkeit, erfreuten sich einer herrlichen Freiheit der Gemeinschaft und der Gemeinsamkeit und besaßen eine tiefgegründete gegenseitige Zuneigung, die sie in ihrem Geist miteinander verband. Sie waren unzertrennlich.

Nun, da gab es aber auch eine Rangordnung in ihrer Beziehung. Adam wurde zuerst geschaffen, dann Eva, wie der Apostel Paulus es vorsichtig zum Ausdruck bringt (1. Tim. 2, 13). Und Eva wurde für Adam gemacht, nicht Adam für Eva, wie Paulus es ebenfalls klar herausstellt (1. Kor. 11, 9). Sie war seine Gehilfin (1. Mose 2, 18), und damit sie ihm eine tüchtige Gehilfin wäre, hatte sie alles im Leben mit ihm zu teilen. Sie war bei ihm, als Gott den Auftrag gab, sich die Erde untertan zu machen und über sie zu herrschen, und deshalb teilte sie jene mühevolle Verantwortung gleichermaßen mit ihrem Mann (1. Mose 1, 28). Sie tat alles, was man von einer Gehilfin erwarten konnte. Sie leistete ihm Beistand, ermutigte ihn, beriet und inspirierte ihn, und sie tat es mit einem Geist liebenswerter Ergebenheit. Adam hegte niemals Groll gegen ihre Hilfe, noch nicht einmal gegen ihren Ratschlag. Schließlich war das ja mit ein Grund, warum Gott sie ihm gab. Ebensowenig lehnte sie sich gegen seine Führungsrolle auf. Seine Haltung war niemals durch Überheblichkeit oder Ausnutzung verdorben. Wie hätte es auch sein können? Seine Liebe war vollkommen. Sie war für ihn etwas Besonderes, und als solches behandelte er sie auch. Er konnte sich gar nicht genug verschenken, um seine Dankbarkeit ihr gegenüber auszudrücken, und er hegte niemals einen Gedanken darüber, was er denn als Gegenleistung empfangen würde. Es war ihr unmöglich, sich gegen diese seine Führerschaft aufzulehnen.

Das Wort Gottes sagt: „Und sie waren beide nackt, der Mensch und sein Weib, und schämten sich nicht" (1. Mose 2, 25). Es war eine Beziehung vollkommener Reinheit und Unschuld. Es war keine Sünde in ihnen. Es war kein Streit zwischen ihnen. Sie waren im Frieden mit Gott, im Frieden mit sich selbst, und im Frieden untereinander. Dies war wahrlich die vollkommene Ehe. Dies war das Paradies. Wie wünschten wir uns, es hätte angedauert, so daß wir den gleichen Grad ehelicher Glückseligkeit würden erfahren können, deren sie sich in jenen herrlichen Tagen erfreuten. Aber dann geschah etwas Schreckliches.

Der biblische Bericht führt uns an zweiter Stelle zu dem Eintritt der Sünde in das Leben des Menschen. Kein Zweifel, der spitzfindige Versucher, der sich in diesem Zwischenfall Eva nahte, war Satan, der als Instrument den Körper einer Schlange gebrauchte (Offb. 12, 9). Seine erste Annäherung bestand darin, das Wort Gottes in Frage zu stellen. „Ja, sollte Gott gesagt haben: Ihr sollt nicht essen von allerlei Bäumen im Garten?" (1. Mose 3, 1). Nachdem er Gottes Wort angezweifelt hatte, leugnete er es glattweg: „Ihr werdet mitnichten des Todes sterben", erklärte er anmaßend (1. Mose 3, 4). Schließlich machte er sich über Gott lächerlich und verdrehte in seiner frechen Art sein Wort: „. . . sondern Gott weiß, daß, welches Tages ihr davon esset, so werden eure Augen aufgetan, und werdet sein wie Gott und wissen, was gut und böse ist" (1. Mose 3, 5). Sie würden allenfalls das Böse erkennen, aber sie würden sein wie Gott. In Wirklichkeit wäre genau das Gegenteil wahr. Die Ähnlichkeit mit Gott, deren sie sich erfreuten, würde entstellt und verdorben sein. Satans Methoden haben sich im Laufe der Jahrhunderte nicht viel verändert. Wir kennen sie gut — die Zweifel, die Verzerrungen, die Leugnungen. Und doch fallen auch wir ihm zur Beute. Wir müssen uns gleichsetzen mit Eva in dem Augenblick ihrer Schwachheit. Wir wissen, was es heißt, der Versuchung zu erliegen.

Satan gebrauchte den Baum der Erkenntnis von Gut und Böse, um sein unheilbringendes Werk zu tun. Gott hatte diesen Baum in den Garten Eden gepflanzt, damit er ein Symbol sei für die Unterwerfung von Adam und Eva unter seine allmächtige Hand (1. Mose 2, 17), aber Satan gebraucht manchmal sogar gute Dinge, um uns von Gottes Willen wegzulocken. „Und das Weib schaute an, daß von dem Baum gut zu essen wäre und daß er lieblich anzusehen und ein lustiger Baum wäre, weil er klug machte; und sie nahm von der Frucht und aß und gab ihrem Mann davon, und er aß" (1. Mose 3, 6). Haben wir bemerkt, daß Eva in den drei wichtigsten Bereichen versucht wurde, wie sie in 1. Johannes 2, 16 aufgeführt sind: 1. Die Lust des Fleisches — „gut zu essen", 2. die Lust der Augen — „lieblich anzusehen" und 3. der Stolz des Herzens — „weil er klug macht". Dies sind die gleichen Hauptangriffspunkte für den Satan, um uns mit Gott und untereinander aus dem Gleichmaß zu werfen — das Verlangen, unsere physischen Sinne zu befriedigen, das Verlangen nach materiellem Besitz und das Verlangen, andere Leute mit der Wichtigkeit unserer eigenen Person zu beeindrucken.

Anstatt vor der Versuchung zu fliehen, wie die Schrift uns später dazu ermahnt, liebäugelte Eva mit ihr. Sie hatte alles, was ein Mensch sich fürs Leben nur wünschen kann, aber sie stand da und ließ es geschehen, daß ihr Geist sich mit dem einen Ding beschäftigte, das sie nicht besaß, bis sie ganz davon besessen war und ihre glücklichen Flitterwochen zu einem unglücklichen Ende brachte. Diese gleiche Art verderblicher Gier hat seitdem schon so manchem „Honigmond" ein Ende bereitet. Ehemänner verschwenden manchmal das Haushaltsgeld für Freizeitausrüstung, für Hobbies, Autos und Kleidung. Frauen fordern manchmal ihre Ehemänner dazu heraus, mehr Geld nach Hause zu bringen, damit man sich noch größere, noch bessere und noch kostspieligere Dinge anschaffen kann. Und der materielle Besitz treibt einen Keil zwischen beide. Wenn wir unseren Sinnen nachgeben, materielle Dinge zu begehren, so nennt Gott dies Götzendienst (Kol. 3, 5). Und er tritt für uns ein, damit wir dem entfliehen: „Darum, meine Liebsten, fliehet vor dem Götzendienst" (1. Kor. 10, 14).

Eva floh nicht. „Und sie nahm von der Frucht und aß" (1. Mose 3, 6). Der Text ist nicht eindeutig, aber die Worte „und gab ihrem Mann auch davon" könnten nahelegen, daß Adam ihr dabei zugeschaut hatte. Wir haben keine Ahnung, warum er nicht versuchte, sie davon abzuhalten oder warum er sich nicht weigerte, ihr in ihrer Sünde zu folgen. Aber eines wissen wir, daß er bei dieser Gelegenheit ihr gegenüber jämmerlich versagte. Er hatte versäumt, die geistliche Führerschaft, die Gott ihm aufgetragen hatte, wahrzunehmen, und statt dessen ließ er sich von ihr zur Sünde verleiten. Welch einen gewaltigen Einfluß eine Frau über ihren Mann haben kann! Sie kann ihn dazu gebrauchen, ihren Mann zu neuen Höhen geistlicher Erfüllung herauszufordern oder sie kann ihn dazu gebrauchen, ihn in schändliche Tiefen herunterzuziehen. Gott gab Adam die Eva als seine Gehilfin, aber ihr begieriges Herz zerstörte ihn.

Gemeinsam warteten sie auf das neue Glücksgefühl göttlicher Weisheit, das Satan ihnen versprochen hatte. Statt dessen beschlich sie ein schreckliches Gefühl von Schuld und Schande. Ihr Geist erstarb vom selben Augenblick an (1. Mose 2, 17), und in ihren körperlichen Kräften begann langsam der Prozeß des Abbaus, der Gottes wunderschönes Kunstwerk zu zerstören ansetzte und schließlich im physischen Tod endete. Der Apostel Paulus sprach vom physischen Tod, als er sagte: „Derhalben, wie durch einen Menschen die Sünde ist gekommen in die Welt und der Tod durch die Sünde, und ist also der Tod zu allen Menschen durchgedrungen, dieweil sie alle gesündigt haben" (Röm. 5, 12). So ist es mit der Sünde. Sie verspricht so viel und hält so wenig. Sie verspricht Freiheit, Weisheit und Glück, aber sie bringt Knechtschaft, Schuld, Schande und Tod.

Plötzlich wurde ihnen ihre Nacktheit zum Symbol für ihre Sünde (1. Mose 3, 7). Durch sie waren sie frei und bloß dem alles durchdringenden Auge des allerheiligsten Gottes ausgesetzt. Sie versuchten, ihre Körper mit Feigenblättern zu verdecken, aber es war nicht annehmbar. Gott wollte später offenbaren, daß die einzig angemessene Bedeckung für die Sünde das Blutopfer nach sich ziehen würde; (1. Mose 3, 21; 3. Mose 17, 11; Hebr. 9, 22).

Das führt uns schließlich zu den schmerzlichen Folgen. Sünde ist immer begleitet von zerstörerischen Auswirkungen, ob wir die Schuld dafür bereitwillig akzeptieren oder nicht. Adam für sein Teil gab Eva und Gott die Schuld an dem Unheil: „Das Weib, das du mir zugesellt hast, gab mir von dem Baum, und ich aß" (1. Mose 3, 12). Eva sagte, der Teufel habe sie dazu getrieben (1. Mose 3, 13). Dies hat sehr viel Ähnlichkeit mit der Art und Weise, wie wir selbst mitunter versucht sind, unsere ehelichen Probleme auf irgend jemand anders abzuwälzen. „Wenn sie nur einmal aufhören wollte zu nörgeln, dann könnte ich ...". „Wenn er doch nur etwas rücksichtsvoller wäre, dann könnte ich ...". Aber Gott hielt sie beide für voll verantwortlich, genauso wie er uns für unseren Teil der Schuld für verantwortlich hält. Und fast immer liegt die Schuld auf beiden Seiten. Gott möchte, daß wir dieser Sache aufrichtigen Herzens begegnen und nicht uns darum herumwinden.

Die Folgen waren für Adam und Eva beinahe unerträglich. Unter Schmerzen zu gebären, sollte für Eva eine immer wiederkehrende Erinnerung an ihre Sünde sein. Darüber hinaus sollte sie ein unersättliches Verlangen nach ihrem Mann erfahren, einen brennenden Wunsch nach seiner Zeit, seiner Aufmerksamkeit, seiner Zuneigung und seiner Zusicherung. Ihre Bedürftigkeit sollte so groß sein, daß ihr sündenvoller Ehemann nur selten gewillt sein würde, dem entgegenzukommen.

Und schließlich hatte es zur Folge, daß die Autorität, die Adam vom Schöpfungsakt her über Eva besaß, durch das Wort *herrschen* noch bestärkt würde. „Und er soll dein Herr sein" (1. Mose 3, 16). In den Händen eines schuldbeladenen Mannes würde diese Regel bisweilen in barsche und herzlose Herrschsucht über sie ausarten — in Mißachtung ihrer Gefühle und Geringschätzung ihrer Ansichten. Eva rieb sich ohne Zweifel unter dem Stachel ihrer Sünde auf und mußte widerwillig mit ansehen, wie Adam ihr immer ferner rückte, ihr weniger Aufmerksamkeit schenkte und sich mehr mit anderen Dingen zu schaffen machte. Bitterkeit, Verdruß und Auflehnung begannen sich in ihrer Seele festzusetzen.

Was Adam anbetraf, so wurde ihm die Bebauung des Bodens zu einer endlos ermüdenden Alltagsbeschäftigung. Die Besorgnis über seine Fähigkeit, für seine Familie aufzukommen, kam noch zu seiner inneren Erregtheit und Reizbarkeit hinzu und machte ihn für die Bedürfnisse seiner Frau weniger aufgeschlossen. Das Ergebnis war, daß Konflikte in ihrem Heim Eingang fanden. Die Sünde bringt immer Spannung, Streit und Konflikt mit sich. Und niemals zuvor war dies Adam und Eva schmerzlicher bewußt geworden als in dem Augenblick, da sie beide zum ersten Mal in der menschlichen Geschichte am Rande eines Grabes standen. Ihr zweiter Sohn hatte in einem häßlichen Familienstreit sein Leben verloren. Die Flitterwochen waren vorbei!

Dies wäre nun wahrlich die traurigste jemals überlieferte Geschichte, wäre sie nicht um eines herrlichen Hoffnungsstrahls willen geschehen, mit dem Gott die Finsternis ans Licht brachte. Und so sprach er zum Satan: „Und ich will Feindschaft setzen zwischen dir und dem Weibe und zwischen deinem Samen und ihrem Samen. Derselbe soll dir den Kopf zertreten, und du wirst ihn in die Ferse stechen" (1. Mose 3, 15). Gott versprach, daß die Frucht der Frau, ein Kind — hineingeboren in das Menschengeschlecht — die Werke des Teufels mit all seinen Verwüstungen, die er angerichtet hat, zerstören würde. Dies ist die erste biblische Weissagung im Hinblick auf den kommenden Erlöser. Und nun ist er gekommen! Er ist für die Sünden der Welt gestorben. Sein kostbar teures Blut ist eine hinreichende Bedeckung für die Sünden eines jeden Menschen, der sich ihm anvertraut. Er bietet uns freie Vergebung an und will uns zu seiner Ehre wiederherstellen. Und er will uns seine göttliche Kraft schenken, damit wir über unsere Sünde hinaus siegreich leben können.

Er kann uns sogar dabei helfen, in unseren ehelichen Beziehungen die Folgen der Sünde zu überwinden. Er kann den Ehemännern die gleiche mitfühlsame Liebe und uneigennützige Rücksichtnahme schenken, wie sie Adam vor dem Sündenfall gegenüber Eva besaß. Er kann den Frauen die gleiche ermutigende Hilfsbereitschaft und liebreiche Ergebenheit schenken, wie sie Eva gegenüber Adam besaß, bevor die Sünde in ihr Leben trat. Mit anderen Worten: Die Flitterwochen können neu beginnen. Aber wir müssen zuerst Jesus Christus als den Erretter von Sünde und Tod annehmen. Solange nicht Mann und Frau beide die Gewißheit der Vergebung und Annahme durch Gott erfahren haben, wird es keine Hoffnung auf ein ungetrübtes eheliches Zusammenleben geben. Diese Gewißheit können wir nur erfahren, wenn wir unsere Sünden bekannt haben und unser Vertrauen ganz auf das völlige Erlösungsopfer Jesu Christi am Kreuz auf Golgatha legen, womit er uns von der ewigen Verdammnis, die wir um unserer Sünden willen verdient hätten, teuer erkauft hat.

Wenn Sie irgendwelche Zweifel daran hegen, so bringen Sie jetzt Ihr Leben in Ordnung. In aller Ernsthaftigkeit und Aufrichtigkeit sprechen Sie etwa folgende Worte im Gebet mit: „Herr, ich bekenne dir meine Sünde. Ich glaube, daß Jesus Christus gestorben ist, um mich von meiner Sündenschuld und von der Strafe, die ich verdient hätte und auch von der Knechtschaft der Sünde zu befreien. Ich lege jetzt und hier mein Vertrauen in ihn als meinen persönlichen Erlöser von Sünde und Tod und nehme ihn in mein Leben auf. Ich danke dir, Herr Jesus, daß du in mein Leben gekommen bist und mir Vergebung der Sünden geschenkt hast."

Wenn Sie diese Entscheidung getroffen haben, ist der Weg frei für Gott, damit er Ihr Herz mit Gütigkeit und Liebe füllen kann, einer Liebe, die alle Selbstsucht und Verstocktheit hinwegnimmt, so daß Sie sich ganz den Bedürfnissen Ihres Ehegefährten hingeben können. So gewinnen Sie vielleicht einen kleinen Vorgeschmack vom Paradies.

Wie stehen Sie dazu?

1. Ist das Geschehen der ewigen Erlösung ein fester Bestandteil Ihres Lebens geworden? Wenn nicht, was hindert Sie daran, die Angelegenheit jetzt sogleich in Ordnung zu bringen?
2. Welche Dinge im täglichen Zusammenleben, die die Ehe von Adam und Eva zu einem „Honigmond" machten, können Ihre Ehe verbessern?
3. In welcher Weise benutzt der Satan heutzutage den Wunsch nach körperlicher Befriedigung, um die ehelichen Beziehungen zwischen Mann und Frau zu zerstören? Wie steht es um das Streben nach materiellen Gütern und nach persönlicher Anerkennung?
4. Wie kann eine Ehefrau ihrem Ehemann zu höheren Zielen Anreiz geben? Inwieweit ist es einer Ehefrau möglich, ihren Ehemann zu schwächen oder gar ihn zu zerstören?
5. Was können Mann und Frau in ihrem Eheleben tun, um zu verhindern, daß einer dem andern die Schuld an ihren Problemen zuschiebt?
6. Was kann ein Ehemann tun, um dem ungemein starken Bedürfnis seiner Frau nach Aufmerksamkeit und Zuneigung besser gerecht zu werden?

2

Ja, mein Herr

Die Geschichte von Abraham und Sara

Gott sprach zu Eva: „Dein Verlangen soll nach deinem Manne sein, und er soll dein Herr sein" (1. Mose 3, 16). Das war ein Teil der Bürde, die der Frau durch die Sünde auferlegt wurde, und es ist interessant zu beobachten, daß die Schrift als nächste eheliche Beziehung das Leben von Abraham und Sara schildert, jene allgemein bekannte Geschichte, in der die Ergebenheit einer Frau unter der Herrschaft ihres Mannes deutlich veranschaulicht wird. Sara wird von neutestamentlichen Schreibern zweimal lobend erwähnt, einmal wegen ihres Glaubens (Hebr. 11, 11) und ein anderes Mal wegen ihrer Ergebenheit gegenüber ihrem Mann (1. Petr. 3, 5—6). Der Apostel Petrus ging so weit, festzustellen: „. . . wie die Sara Abraham gehorsam war und hieß ihn Herr."

Wir würden in unserem Kulturkreis nicht im entferntesten daran denken, eine Frau dazu aufzufordern, ihren Ehemann „Herr" zu nennen, aber in jenen Tagen pflegte Sara ihre Unterwürfigkeit so auszudrücken. Seltsam genug gehen diese beiden Grundsätze, nämlich Glaube und Ergebenheit, tatsächlich miteinander. Die Ergebenheit einer Frau gründet sich auf den Glauben, daß Gott durch ihren Mann das wirkt, was für sie am besten ist. Und das ist die Lebensgeschichte der Sara an der Seite Abrahams.

Betrachten wir zunächst die ersten Keime des Glaubens. Die Geschichte nahm ihren Anfang in der Stadt Ur, einer blühenden Metropole nahe der uralten Küstenlinie am Persischen Golf. Von einem Mann zumindest wissen wir, daß er durch die Abgötterei und Sünde der Menschen von Ur abgestoßen war, denn er hatte den wahren und lebendigen Gott kennengelernt. In der Tat hatte Gott so zu ihm gesprochen: „Gehe aus deinem Vaterlande und von deiner Freundschaft und aus deines Vaters Hause in ein Land, das ich dir zeigen will. Und ich will dich zum großen Volk machen und will dich segnen und dir einen großen Namen machen, und du sollst ein Segen sein. Ich will segnen, die dich segnen, und verfluchen, die dich verfluchen; und in dir sollen gesegnet werden alle Geschlechter auf Erden" (1. Mose 12, 1—3). Ausgerüstet mit dieser mächtigen Verheißung, zog Abraham mit all seiner Habe, zusammen mit seinem Vater Tharah, seinem Neffen Lot und seiner Frau Sara, aus, und sie begannen die lange Wanderung nordwärts rund um die fruchtbare halbmondförmige Straße zur Stadt Haran.

Ein Auszug ist kein Vergnügen, besonders dann nicht, wenn das Transportmittel ein Kamel oder ein Esel ist, und schon gar nicht, wenn man noch nicht einmal weiß, wohin die Reise geht! „Durch den Glauben ward gehorsam Abraham, da er berufen ward, auszugehen in das Land, das er ererben sollte; und ging aus und wußte nicht, wo er hinkam" (Hebr. 11, 8). Für eine Frau ist das vermutlich noch härter als für einen Mann. Sara wird in diesem Vers nicht erwähnt, aber ihr Glaube ist gegenwärtig und in jeder Kleinigkeit so standfest wie der Glaube Abrahams. Sie glaubte, daß Gott sie durch die mühevolle Reise hindurch bewahren und ihrem Mann den für sie ausgewählten Ort zeigen würde.

Sara war keine schwache, haltlose, übermäßig unselbständige oder gar geistlose Frau. Ihre Eltern nannten sie Sarai, und Namen hatten in der alten biblischen Welt ihre Bedeutung. Ihr Name bedeutete „Prinzessin". Dies bezog sich vielleicht auf ihre große Schönheit, auf die zweimal in dem inspirierten Bericht in 1. Mose 12, 11 und 14 Bezug genommen wird. Vermutlich beschrieb er darüber hinaus auch ihre kulturelle Erziehung, ihre hohe Bildung, ihren stattlichen Charme und ihr anmutiges Wesen. Als Gott ihren Namen in Sara umwandelte, nahm er ihm nichts von seiner ursprünglichen fürstlichen Bedeutung, sondern fügte ihm vielmehr noch eine weitere Würde, nämlich die der Mutterschaft hinzu. Sie wird in diesem Zusammenhang „eine Mutter über viele Völker" genannt (1. Mose 17, 15 und 16).

Sara war eine intelligente und begabte Frau. Aber als sie Abraham heiratete, traf sie eine Entscheidung. Sie betrachtete es als ihre Lebensaufgabe, ihrem Mann dabei zu helfen, Gottes Plan für ihr gemeinsames Leben zu erfüllen. Das war nicht Schwäche, das war Gottes Wille für ihr Leben: wahre biblische Unterwerfung. Es gibt Frauen, die systematisch Gottes Plan für ihre Ehemänner sabotieren, weil sie nicht gewillt sind, Gott zu glauben und ihm in seiner Weisheit zu vertrauen. Sie wollen einfach Gott nicht darin vertrauen, daß er durch ihre Ehemänner wirken möchte, um das Beste für ihr Leben zu bewerkstelligen. Sie sind vielleicht der Meinung, sie müßten Gott unter die Arme greifen, indem sie ihre Ehemänner zu beherrschen versuchen.

Es scheint, als ob Abrahams Vater sich geweigert hatte, weiterzugehen, nachdem sie Haran erreicht hatten. Er war ein Götzendiener (Josua 24, 2), und die Stadt Haran gefiel ihm eitel gut für den Rest seiner Tage. Er verzögerte Gottes Plan für Abraham, aber er konnte ihn nicht zerstören. Als Tharah starb, wanderte Abraham mit seinen 75 Jahren aus der Stadt Haran in das Land, das Gott ihm verheißen hatte (1. Mose 12, 4). Es war dies ein weiterer Auszug, wiederum an einen unbekannten Ort, aber an seiner Seite war Sara, eine Frau voller Ergebenheit und Glauben (1. Mose 12, 5). Die Tage, die vor ihnen lagen, sollten zu einer ernsten Prüfung ihres Glaubens und zu einer heftigen Versuchung ihrer Unterwürfigkeit werden.

Als nächstes wollen wir einmal den fortwährenden Glaubenskampf erforschen. Der Glaube wächst am besten unter dem Angriff. Der Mensch, der Gott darum bittet, er möge ihm doch seine Probleme aus dem Wege räumen, bittet im Grunde genommen um ein krankhaftes geistliches Leben. Manchmal gerät unser Glaube unter der ständigen Anspannung ins Wanken, aber wenn wir unser Versagen eingestehen und Gottes Vergebung annehmen, können selbst solche Fehltritte zu unserem geistlichen Wachstum beitragen. Abraham und Sara ragen beide aus der Schrift als lobenswertes Beispiel für ihren großen Glauben heraus, aber ihr Versagen wird uns zu unserer Unterweisung und Ermutigung berichtet.

Der erste Angriff kam kurz nachdem sie das Land Kanaan betreten hatten. Es herrschte eine Hungersnot in dem Land, und Abraham beschloß, den Ort zu verlassen, den Gott ihm verheißen hatte und nach Ägypten zu fliehen (1. Mose 12, 10). Hätte er sich mit Sara besprochen, so hätte sie ihn vielleicht auf seine törichte Entscheidung aufmerksam gemacht, aber wie so viele Männer machte er sich an die Verwirklichung seiner Pläne, ohne die Mühsal zu bedenken, die er damit über seine Frau bringen würde. Es gibt so viele Männer, die es ablehnen, den Rat ihrer Frauen anzunehmen. Sie meinen, daß ihre

Führungsrolle ihnen das alleinige Vorrecht gibt, zu tun, was ihnen gefällt, ohne es mit ihren Frauen vorher durchgesprochen zu haben, um somit zu einem beiderseitigen Einvernehmen zu kommen. Sie haben Angst, ihre Frauen könnten schwache Stellen in ihrer Logik entdecken oder ihnen ihre engstirnige Selbstsucht aufzwingen. So torkeln sie mit ihren Plänen umher, und die ganze Familie leidet darunter.

Als sie sich Ägypten näherten, sprach Abraham zu seiner Frau: „Siehe, ich weiß, daß du ein schönes Weib von Angesicht bist. Wenn dich nun die Ägypter sehen werden, so werden sie sagen: Das ist sein Weib — und werden mich erwürgen und dich leben lassen. So sage doch, du seist meine Schwester, auf daß mir's wohl gehe um deinetwillen und meine Seele am Leben bleibe um deinetwillen" (1. Mose 12, 11—13). Es war eine Huldigung an die Schönheit Saras, daß sie im Alter von 65 Jahren noch so unwiderstehlich war, so daß Abraham dachte, die Ägypter könnten versuchen, ihn um ihretwillen zu töten. Und nicht nur Abrahams Augen sahen ihre Schönheit. „Als nun Abraham nach Ägypten kam, sahen die Ägypter das Weib, daß sie sehr schön war. Und die Fürsten des Pharao sahen sie und priesen sie vor ihm. Da ward sie in des Pharaos Haus gebracht" (1. Mose 12, 14 und 15). Während Abraham glaubte, die Ägypter könnten ihn töten, um seine Frau zu bekommen, war er andererseits sicher, daß sie ihn als einen ehrwürdigen Gast behandeln würden, wenn sie ihn für ihren Bruder hielten. Und es stellte sich heraus, daß er recht hatte. Sie gaben ihm viele Tiere und Diener um ihretwillen (1. Mose 12, 16). Nun war Sara praktisch Abrahams Schwester — seine Halbschwester (1. Mose 20, 12). Solche Ehen waren in jenen Tagen nichts außergewöhnliches. Aber was sie Pharao sagten, war nur eine Halbwahrheit, und Halbwahrheiten sind in Gottes Haushalt Lügen. Er kann der Lüge nicht huldigen.

Warum ging Sara auf Abrahams sündhaften Plan ein? Ist dies nicht ein Fall, in dem Gehorsam gegenüber Gott über dem ehelichen Gehorsam stehen muß? Ich meine ja. Eine Frau trägt keinerlei Verpflichtung, ihrem Mann zu gehorchen, wenn der Gehorsam einen Kompromiß eingeht mit dem klar dargelegten Willen Gottes (siehe Apg. 5, 29). Sara hätte zu Recht ablehnen können. Aber zeigt dies nicht gerade an, wie tief ihr Glaube und ihre Ergebenheit in Wirklichkeit waren? Sara glaubte Gottes Verheißung, daß Abraham der Vater einer großen Nation werden würde. Da sie aber bis dahin noch keine Kinder hatten, war sie verwendbar, aber Abraham mußte leben und Kinder haben, selbst wenn es durch eine andere Frau geschehen würde.

Vielleicht hat sie aber auch daran geglaubt, daß Gott dazwischentreten und sie befreien würde, noch bevor unmoralischer Wandel notwendig gewesen wäre. Das war sogar sehr wahrscheinlich im Hinblick auf Pharaos großen Harem. Ebenso mag sie daran geglaubt haben, daß Gott sie mit ihrem Mann wiedervereinigen und beide vor der Macht des Pharao erretten würde. Und weil sie glaubte, unterwarf sie sich. Ganz abgesehen von Abrahams selbstsüchtigem Plan hätte Gott sie schützen können, aber Saras Glaube an Gott und die Unterwürfigkeit unter ihren Mann sind indessen wunderschön veranschaulicht in dieser alttestamentlichen Erzählung. Inwieweit eine Frau ihrem Mann ergeben ist, wird in dem Augenblick deutlich, wo ihr bewußt wird, daß ihr Mann einem Irrtum zum Opfer gefallen ist.

Man kann sich nur schwer vorstellen, daß ein Mann noch tiefer sinken konnte als Abraham in dieser Situation. Selbst der Heidenkönig tadelte ihn ob seiner Tat (1. Mose 12, 18—20). Er tat Sara großes Unrecht an, aber Gott blieb ihr treu. Er belohnte ihren Glauben und befreite sie. Niemals verläßt er diejenigen, die ihm vertrauen. Man könnte nun annehmen, daß diese Lektion von Gottes souveräner Fürsorge sich so unauslöschlich in Abrahams Seele hätte einprägen müssen, daß er nie mehr seine Frau hätte aufs Spiel setzen können, nur um sich selbst zu schützen; aber es war nicht so. Etwa 20 Jahre später tat er genau noch einmal das gleiche gegenüber Abimelech, dem König zu Gerar (1. Mose 20, 1—8). Dies zeigt, wie schwach und glaubensarm der Glaubende sein kann. Vielleicht gibt es in unserem Leben Sünden, von denen wir meinen, daß wir sie nie mehr begehen könnten, aber wir müssen stets wachsam sein, denn das sind genau die schwachen Stellen, wo Satan uns angreifen wird. Das Erstaunliche an der obigen Geschichte ist, daß Sara sich auch bei der späteren Veranlassung wieder unterwarf, und Gott befreite sie erneut, ein weiterer Beweis ihres Glaubens und der Treue Gottes.

Die nächste große Bewährungsprobe ihres Glaubens wird durch folgende biblische Aussage offenbar: „Sarai, Abrams Weib, gebar ihm kein Kind“ (1. Mose 16, 1). Gott aber sollte schon bald Abrams Namen in Abraham umwandeln und aus dem „erhabenen Vater“ einen „Vater vieler Völker“ machen. Wie konnte Abraham der Vater vieler Völker sein, wenn er keinen Sohn hatte? Nun lag es an der Sara, einen klugen menschlichen Plan zu schmieden. Sie bot Abraham ihre ägyptische Magd Hagar an, so daß er mit ihr einen Sohn haben könnte. Wir müssen zugeben, daß ihr Vorschlag ihren Glauben offenbarte, daß Gott sein Wort halten und Abraham einen Sohn geben würde. Sie war unverkennbar motiviert durch ihre Liebe zu Abraham und ihren Wunsch für ihn, einen Sohn zu haben. Und ihren Mann mit einer anderen Frau zu teilen, wäre für sie das größte Opfer gewesen, das sie hätte bringen können. Aber es war nicht Gottes Weg. Es war eine weitere fleischliche Lösung. Und Gottes Wege sind immer die besten, selbst wenn er uns für den Augenblick das vorenthalten muß, was wir nach unserer Meinung dringend brauchen.

Nur zu oft reagieren wir zeitbewußten Erdenbürger empfindlich gegenüber seinen Verzögerungen und nehmen Dinge in unsere Hand, die sich dann für gewöhnlich zu unserem eigenen Übel entwickeln. Wenn wir es lernen würden, ihm gerade dann zu vertrauen, wenn die Situation für uns am dunkelsten aussieht, könnten wir uns so manchen Kummer ersparen.

Diese impulsive Sünde hatte ihre Auswirkungen auf die Beziehung zwischen Abraham und Sara. Hagar wurde schwanger, und ihr Herz wurde stolz und schwer zu lenken. Sara gab Abraham die Schuld an dem ganzen Problem, währenddem es tatsächlich ihre eigene Idee war. Dann behandelte sie Hagar barsch, und ihre Unfreundlichkeit deckte Bitterkeit und Groll in ihrer Seele auf. Abraham indessen entzog sich seiner Pflicht. Er hätte vom ersten Augenblick an „nein" sagen müssen zu Saras sündhaftem Plan. Aber nun sagte er ihr, sie solle selbst sehen, wie sie mit dem Problem fertig würde, und tun, was immer sie wolle, nur solle sie ihn nicht weiter damit belästigen (1. Mose 16, 6).

Es ist schwer für eine Frau, in Abhängigkeit zu einem „Schwächling" zu stehen, einem Mann, der Streitfragen aus dem Wege geht, der Entscheidungen aufschiebt und sich seiner Verantwortlichkeiten entzieht. Da gibt es nichts, was man über sich selbst hinaus anerkennen könnte, keine Führerschaft, der man freiwillig folgen würde. Eine Frau kann ihrem Mann nicht dabei helfen, Gottes Ziele für sein Leben zu verwirklichen, wenn sie noch nicht einmal weiß, welches seine Ziele sind.

Sogar große Männer und Frauen des Glaubens haben ihre Augenblicke des Unglaubens. Der schlimmste solcher Augenblicke im Leben von Abraham und Sara war, als sie Gott auslachten. Sie taten es beide. Gott sprach zu Abraham, er wolle Sara segnen und aus ihr eine Mutter vieler Völker machen. Könige über viele Völker sollten aus ihr kommen. Abraham fiel auf sein Angesicht und lachte, und er sprach: „Soll mir, 100 Jahre alt, ein Kind geboren werden, und Sara, 90 Jahre alt, gebären?“ (1. Mose 17, 17). Abraham versuchte, Gott dazu zu überreden, Ismael als seinen Erben zu nehmen, aber Gott antwortete: „Nein, Sara soll dir einen Sohn gebären, den sollst du Isaak heißen; denn mit ihm will ich meinen ewigen Bund aufrichten und mit seinem Samen nach ihm“ (1. Mose 17, 19).

Nun war Sara an der Reihe. Der Herr erschien Abraham in seinem Zelt in der Person eines Besuchers, und Sara hörte zufällig seine Worte: „Ich will wieder zu dir kommen über ein Jahr; siehe, so soll Sara, dein Weib, einen Sohn haben“ (1. Mose 18, 10). Sie hatte an der Tür des Zeltes gelauscht und darüber gelacht, und sie redete mit sich selbst: „Nun ich alt bin, soll ich noch Wollust pflegen, und mein Herr ist auch alt?“ (1. Mose 18, 12).

Übrigens, hierdurch wußte Petrus, daß sie ihn „Herr“ nannte. Ihre Ergebenheit war geblieben, nur ihr Glaube war ins Wanken gekommen. Die Glaubenskämpfe sind Teil unserer Wirklichkeit, und wir alle durchleben sie. Satans giftige Pfeile des Zweifelns scheinen vielfach direkt auf uns abgezielt zu sein, und auch wir könnten versucht sein, bei dem Gedanken, Gott könnte unsere garstigen Probleme lösen, skeptisch darüber zu lächeln.

Aber Gott sei Dank für den endgültigen Triumph des Glaubens. Ich glaube, der Wendepunkt in ihrem Glaubenskampf lag in ihrem letzten Gespräch mit dem Herrn. „Warum lacht Sara?“ beeilte sich Gott zu fragen. „Sollte dem Herrn etwas unmöglich sein?“ (1. Mose 18, 13—14). Diese scharfe Herausforderung durchbohrte ihre wankelmütigen Herzen, und so wurde ihr Glaube aufs neue entzündet, um stark und beständig zu werden. Zwar gab es noch jenen kurzen Rückschlag in Gerar (1. Mose 20, 1—8), aber grundsätzlich änderten sich die Dinge von diesem Augenblick an.

Von Abraham schrieb der Apostel Paulus: „Und er ward nicht schwach im Glauben, sah auch nicht an seinen eigenen Leib, welcher schon erstorben war (weil er fast hundertjährig war), auch nicht den erstorbenen Leib der Sara; denn er zweifelte nicht an der Verheißung Gottes durch Unglauben, sondern ward stark im Glauben und gab Gott die Ehre und wußte aufs allergewisseste, das, was Gott verheißt, das kann er auch tun“ (Röm. 4, 19—21).

Von Sara wußte der Schreiber an die Hebräer zu berichten: „Durch den Glauben empfing auch Sara Kraft, daß sie schwanger ward und gebar über die Zeit ihres Alters; denn sie achtete ihn treu, der es verheißen hatte“ (Hebr. 11, 11). Ihr Glaube wurde belohnt;

Sara bekam einen Sohn, und sie nannten ihn Isaak, das bedeutet „Lachen". Und Sara erzählte uns, warum sie ihm diesen Namen gaben: „Gott hat mir ein Lachen zugerichtet; denn wer es hören wird, der wird über mich lachen" (1. Mose 21, 6). Ihr Lachen des Zweifelns hatte sich in ein Lachen triumphierender Freude gekehrt, und wir können ihre Freude mit ihr teilen.

Dennoch sollten es auch weiterhin Probleme für Abraham und Sara geben. Das Leben im Glauben ist niemals frei von Hindernissen. Da waren noch immer Hagar und Ismael, die mit Isaak ihren Spaß trieben. Und Sara war bestürzt darüber. Als sie sah, wie Ismael sich über ihren kleinen Isaak lustig machte, hätte sie beinahe die Kontrolle über sich selbst verloren. Sie eilte zu Abraham, und zornentbrannt forderte sie ihn auf: „Treibe diese Magd aus mit ihrem Sohn; denn dieser Magd Sohn soll nicht erben mit meinem Sohn Isaak" (1. Mose 21, 10). Ist das wirklich die gleiche Frau, die im Neuen Testament für ihre Unterwürfigkeit und ihren Gehorsam so hoch gepriesen wird? Ja, sie ist es in der Tat. Eine gesunde Unterwerfung schließt den gegenseitigen Meinungsaustausch nicht aus. Das andere jedoch ist eine krankhafte Unterwürfigkeit, die für gewöhnlich durch geringe Selbstachtung verursacht wird („meine Meinung gilt ja doch nicht") oder auch durch die Furcht vor unliebsamen Auftritten („ich möchte Frieden um jeden Preis"), bisweilen auch durch eine gewisse Scheu, Verantwortung zu tragen („jemand anders kann ja die Entscheidung treffen; ich möchte keinen Tadel dafür einstecken müssen").

Sara sagte zumindest, wie es ihr ums Herz war. Und zudem war sie im Recht! Ihre Erregung darüber war nicht recht. Aber Ismael sollte nicht mit Isaak erben, und Gott wollte, daß er den Haushalt verließ. Gott gebot Abraham, auf Sara zu hören und zu tun, was sie sagte (1. Mose 21, 12). Man stelle sich vor: Gott wollte Abraham dazu bringen, ihren Rat zu beachten — obwohl Sara außer sich vor Zorn geraten war. Er gebraucht gerne die Frauen zur Zurechtweisung ihrer Ehemänner, damit sie ihnen raten, sie reifer werden lassen, ihnen dabei helfen, ihre Probleme zu lösen und ihnen besseren Einblick gewähren. Dafür sind die Gehilfinnen da.

Es gibt Ehemänner, die ihren Frauen das Gefühl geben, daß sie irgendwelche unwissenden Wesen seien, deren Ideen lächerlich und deren Meinungen wertlos sind. Der Ehemann, der dies tut, ist der eigentliche Ignorant dabei. Er hat völlig versagt zu erkennen, daß Gott nur das Beste für ihn im Sinn hat. Wenn eine Frau ihrem Mann sagt, daß es in ihrer Ehe ein Problem gibt, so möchte Gott, daß er auf sie hört — daß er ihr zuhört, wenn sie die Situation beurteilt und die nach ihrer Meinung notwendigen Veränderungen vorschlägt, daß er ihr seine Aufmerksamkeit schenkt, wenn sie versucht, ihre Gefühle und ihre Bedürfnisse mitzuteilen und dann dazu einen konstruktiven Beitrag leistet. Eines der in christlichen Ehen am häufigsten anzutreffenden Probleme unserer Tage ist die Tatsache, daß Ehemänner oftmals zu stolz sind zuzugeben, daß irgend etwas nicht in Ordnung ist, und daß sie zu unbeugsam sind, etwas dagegen zu unternehmen. Vielleicht ist es Gottes Wille, sie durch ihre Frauen zur inneren Erleuchtung zu bringen.

Die Sklavenfrau und ihr Sohn wurden schließlich ausgetrieben. Ismael war nunmehr alt genug, um für seine Mutter zu sorgen, und Gott gab ihm Geschicklichkeit, mit dem Bogen umzugehen (1. Mose 21, 20). Und nachdem jener Störenfried entfernt war, erfreute sich diese glückliche kleine Familie in ihrer Dreisamkeit einer Zeit ungehinderten Glaubens und inniger Gemeinschaft. Aber die größte Versuchung ihres Glaubens sollte noch kommen. ,,Nach diesen Geschichten versuchte Gott Abraham und sprach zu ihm: Abraham! Und er antwortete: Hier bin ich“ (1. Mose 22, 1). Es sollte eine sehr ungewöhnliche Prüfung sein. Gott sprach: ,,Nimm Isaak, deinen einzigen Sohn, den du liebhast, und gehe hin in das Land Morija und opfere ihn daselbst zum Brandopfer auf einem Berge, den ich dir sagen werde“ (1. Mose 22, 2). Saras Name taucht in diesem Kapitel nicht auf, und selten nur fällt ihr Name, wenn man über diese Begebenheit spricht. Aber sie wußte bestimmt, was da vor sich ging. Sie half ihnen vermutlich bei den Vorbereitungen für ihren Aufbruch. Sie sah das Holz, das Feuer und das Messer; sie sah ihren Sohn Isaak; und sie sah Abraham. Ein Anflug von Todesqual durchzuckte sein wettergeprüftes Angesicht; aber sie sah kein Tier für das Opfer. Die Schrift berichtet, daß Abraham glaubte, daß Gott Isaak selbst von den Toten zu erwecken vermochte (Hebr. 11, 19). Sara muß dies auch geglaubt haben.

Sie beobachtete und verfolgte die beiden mit ihren Blicken so lange, bis sie am Horizont verschwunden waren, und obgleich ihr mütterliches Herz am Zerbrechen war, äußerte sie dennoch kein Wort des Protestes. Dies war vermutlich die größte Offenbarung ihres Glaubens an Gott und ihrer Unterwerfung unter den Willen und die Absicht ihres Mannes. ,,Denn also haben sich auch vorzeiten die heiligen Weiber geschmückt, die ihre Hoffnung auf Gott setzten und ihren Männern untertan waren, wie die Sara Abraham gehorsam war und hieß ihn Herr; deren Töchter ihr geworden seid, so ihr wohltut und euch nicht lasset schüchtern machen" (1. Petr. 3, 5—6). Eine an Christus gläubige Frau braucht sich nicht vor ihrer Untertänigkeit zu fürchten, wenn sie ihre Hoffnung auf Gott setzt. Er wird treu zu seinem Wort stehen und ihren Gehorsam dazu gebrauchen, das zu vollbringen, was das Beste für sie ist.

Sara war eine von jenen Frauen, von denen König Lamuel aussagte, daß sie „ihrem Mann Liebes und kein Leides ihr Leben lang" taten (Spr. 31, 12). Eine Frau ist nur dann dazu fähig, wenn sie glaubt, daß Gott nichts zu schwer ist, und wenn sie glaubt, daß Gott selbst die Fehler ihres Mannes dazu benutzen kann, ihn zu Ehren zu bringen und ihrer beider Leben zu segnen. Und ein Mann ist nur dann einer so untertänigen Frau wertgeachtet, wenn er es gelernt hat, statt seine eigenen selbstsüchtigen Ziele zu verfolgen, Gottes Weisungen zu folgen. Er weiß, er genießt keinen Vorrang, um seine Führungsposition zu behaupten. Sie ist ihm von Gott gegeben. So nimmt er sie als ein heiliges Vermächtnis an und tut das Seine in völliger Unterwerfung unter seinen Herrn und in selbstloser Rücksichtnahme auf seine Frau und auf das, was für sie am besten ist.

Wie stehen Sie dazu?

1. Für Ehemänner: Welche Ziele haben Sie sich für Ihr Leben gesteckt? Haben Sie mit Ihrer Frau über diese Ziele gesprochen? Für Ehefrauen: Auf welche Weise können Sie Ihrem Mann dabei behilflich sein, Gottes Plan für sein Leben zu verwirklichen?
2. Warum sollte ein Ehemann in Entscheidungen, die seine Frau betreffen, ihren Rat einholen?
3. In welchen Situationen fällt es einer Ehefrau im allgemeinen am schwersten, untergeben zu sein?
4. Welche Reaktion erwartet Gott von einer Ehefrau, wenn sie das Gefühl hat, daß ihr Mann nicht nach dem Willen Gottes lebt?
5. Für Ehefrauen: Gibt es in Ihrem Leben irgendwelche Züge der Untergebenheit, die einer niederen Selbstachtung entspringen bzw. einer gewissen Angst vor unangenehmen Situationen oder einer mangelnden Bereitschaft, Verantwortung zu tragen? Auf welcher Basis kann eine gesunde Unterwerfung gedeihen?
6. Auf welche Weise mißbrauchen Ehemänner mitunter ihre Führungsrolle, um ihren eigenen Willen durchzusetzen? Was können Sie dagegen tun?
7. Welche Verpflichtungen gegenüber seiner Ehefrau hat ein Mann aufgrund der ihm von Gott zugedachten Führungsrolle?
8. Für Ehefrauen: Wie können Sie Ihre Meinungen und Wünsche ihrem Ehemann gegenüber ausdrücken, um Gott wohlgefällig zu sein? Für Ehemänner: Welche Reaktion erwartet Gott von Ihnen, wenn Ihre Frau versucht, sich Ihnen mitzuteilen?

3

Sprich mit mir

Die Geschichte von Isaak und Rebekka

Gott gab Abraham die Verheißung, daß er der Vater einer großen Nation werden würde. Um sich dieser auserwählten Stellung erfreuen zu können, mußte er offensichtlich einen Sohn haben, und wir haben die Spuren der verschiedensten Glaubenskämpfe aufgezeigt, die uns schließlich dahin führten, daß Gott Abraham und Sara einen Sohn schenkte. Seine Geburt war der Höhepunkt ihres ereignisreichen und aufregenden Wandelns mit Gott. Welch ein Glück brachte Isaak in ihr Heim! Und er war so ein guter Junge — pflichtbewußt, gehorsam und seinen Eltern untertan. Untertänigkeit scheint die einzige Erklärung dafür zu sein, daß der alte Abraham bereit war, den jungen Mann als Opfer auf den Altar zu legen. Gott erwählte sich in diesem spannungsgeladenen, hochdramatischen Akt des Gehorsams und des Glaubens statt dessen ein Lamm; Isaak wurde freigegeben, und die drei waren als eine Familie wieder glücklich vereint.

Alle Anzeichen deuten darauf hin, daß sie eine innige Familiengemeinschaft pflegten. Sie liebten einander von Herzen. Isaak trauerte drei volle Jahre um den Tod seiner Mutter und war damit beispielhaft für die Liebe, die sie miteinander verband (1. Mose 24, 67).

Nachdem Ismael nicht mehr da war, bildete Isaak als das einzige Kind den Mittelpunkt der Familie, und das Leben der Eltern drehte sich ausschließlich um ihn. Niemals stellte er irgendwelche Forderungen. Abraham hatte es mittlerweile zu großem Reichtum gebracht, und der biblische Bericht gibt uns Kunde davon, daß er alles seinem Sohn Isaak vermachte (1. Mose 24, 35 und 36). Vielleicht gab es da sogar Spuren von übertriebener Liebe und übermäßiger Verzärtelung in ihrer Beziehung zueinander.

Es ist zweifelhaft, ob Abraham und Sara sich überhaupt dessen bewußt waren, daß sie durch die Art, wie sie ihn aufzogen, die Entfaltung von Isaak's Persönlichkeit in Gefahr brachten und aus ihm einen Schwächling fürs Leben hätten machen können. Tatsache ist, daß sie sich noch nicht einmal Gedanken um seine Vermählung gemacht hatten. Sie hatten so viel Freude an ihm, daß sie ganz zu vergessen schienen, daß er eine Frau brauchte, wenn sie Gottes Verheißung erfüllen wollten, nämlich die Väter einer großen Nation zu sein. Aber nachdem Sara gestorben war, erkannte Abraham, daß er die Initiative ergreifen und Pläne machen mußte, um für seinen Sohn eine passende Gefährtin zu finden. Heute finden unsere Kinder ihre Ehepartner normalerweise auf andere Weise, aber zu jener Zeit und in der damaligen Kultur war dies eine wunderbare Liebesgeschichte.

Für Isaak und Rebekka hatte die Lebensgeschichte ganz behutsam ihren Anfang genommen. Abraham war zu der Zeit schon alt. Er rief seinen ältesten Knecht des Hauses, der allen seinen Gütern vorstand, und sprach zu ihm: „Lege deine Hand unter meine Hüfte und schwöre mir bei dem Herrn, dem Gott des Himmels und der Erde, daß du meinem Sohn kein Weib nehmest von den Töchtern der Kanaaniter, unter welchen ich wohne, sondern daß du ziehest in mein Vaterland und zu meiner Freundschaft und nehmest meinem Sohn Isaak ein Weib“ (1. Mose 24, 3 und 4). Die Kanaaniter waren ein niederes Geschlecht und von Gott verflucht und zur Zerstörung verdammt. Es wäre Gott nicht wohlgefällig gewesen, wenn Isaak sich eine von ihnen erwählt hätte. Obwohl Abrahams Stamm im Norden von Mesopotamien seine Götzen hatte, waren die Menschen aber doch zumindest moralisch ohne Tadel, und sie wußten um Gott und achteten ihn. Und sie waren Nachkommen von Sem, der von Gott gesegnet war.

Es war der einzig vernünftige Ort, um für Isaak eine Frau zu suchen. Wenngleich wir heute unseren Kindern nicht mehr ihre Ehegefährten aussuchen, müssen wir sie dennoch von frühester Jugend an darin unterweisen, wie wichtig es ist, sich für die Ehe einen gläubigen Menschen auszuwählen (siehe 1. Kor. 7, 39; 2. Kor. 6, 14). Es wird ihnen dabei helfen, wenn die Zeit für sie gekommen ist, diesen wichtigen Schritt zu tun, die Wahl ihres Lebensgefährten nach Gottes Willen zu treffen.

So begab sich der alte Knecht auf die mühevolle Reise und zog in die Nähe von Haran, wo Abrahams Bruder zurückgeblieben war, nachdem Abraham 65 Jahre zuvor nach Kanaan ausgewandert war. Abraham hatte dem Knecht versichert, daß die Engel des Herrn vor ihm hergehen würden. Ausgerüstet mit jenem Spürsinn für göttliche Führung, machte er an einer Quelle in der Stadt Nahor halt, und dies war seltsamerweise auch der Name von Abrahams Bruder. Und er betete, Gott möge das richtige Mädchen an jene Quelle schicken und sie so leiten, daß sie ihm Wasser für seine Kamele anböte. Es war dies eine ganz spezifische Bitte um genau das Mädchen, das für Isaak bestimmt war. Und hierin liegt eine Lektion für uns alle. Der beste Weg für unsere Kinder, um in dieser Sache Gottes Willen zu erkennen, ist der, daß sie darum beten. Schon im Kindesalter können sie damit beginnen, daß sie dafür beten, Gott möge ihnen den Menschen zeigen, den er für sie zubereitet hat. Das Beten über viele Jahre ihrer Jugend hinweg wird ihnen dabei helfen, daß ihre Herzen auf den einen, den wichtigsten Faktor bei ihrer Wahl, ausgerichtet sind — den Willen Gottes.

Noch bevor der Knecht sein „Amen" sprechen konnte, hatte Gott die Antwort schon bereit. Rebekka, die Enkelin von Abrahams Bruder, trat mit ihrem Krug auf den Schultern heraus. Die Schrift sagt, sie war sehr schön, und sie war noch eine Jungfrau. Als sie mit ihrem Krug voll Wasser von der Quelle zurückkehrte, ging der Knecht eilends auf sie zu und sprach zu ihr: „Laß mich ein wenig Wasser aus deinem Krug trinken." Und sie entgegnete: „Trinke, mein Herr", und behende gab sie ihm zu trinken. Und als er fertig war mit trinken, sprach sie: „Ich will deinen Kamelen auch schöpfen, bis sie alle getrunken haben." Und so goß sie den Krug aus in die Tränke und lief wieder zum Brunnen, um zu schöpfen, bis sie genügend Wasser für alle seine zehn Kamele gebracht hatte (1. Mose 24, 15—20).

Was für ein Mädchen sie war! Sie war schön, sie war heiter und freundlich, sie war anziehend, sie war selbstlos und sie war voller Lebenskraft. Und als der Knecht erfuhr, daß sie die Enkelin von Abrahams Bruder war, neigte er sein Haupt, betete den Herrn an und sprach: „Gelobt sei der Herr, der Gott meines Herrn Abraham, der seine Barmherzigkeit und seine Wahrheit nicht verlassen hat an meinem Herrn; denn der Herr hat mich den Weg geführt zum Hause des Bruders meines Herrn" (1. Mose 24, 27).

Schon von Anbeginn wird in dieser Geschichte offensichtlich, daß Gott der eigentliche Ehestifter in dieser Ehe war. Als der Knecht sich vor Rebekkas Familie zu seiner eindeutigen göttlichen Führung bekannte, stimmten ihr Bruder und ihr Vater ihm zu. „Das kommt vom Herrn", sprachen sie (1. Mose 24, 50). Welche Art von Problemen eine Ehe auch immer mit sich bringen mag: auf jeden Fall sind sie leichter zu bewältigen, wenn beide, der Ehemann wie auch die Ehefrau, volle Gewißheit darüber haben, daß Gott sie zusammengeführt hat. Schwierigkeiten müssen ohnedies überwunden werden, und sie müssen sein, wenn man Gott verherrlichen will. Doch der quälende Gedanke daran, daß man weitab vom Willen Gottes geheiratet hat, wird einem die Freude nehmen, mit aufopferungsvollem Eifer an der ehelichen Beziehung gemeinsam zu arbeiten.

Rebekka hatte eine ungeheure Entscheidung für ihr Leben zu treffen — ihr Zuhause und ihre Familie zu verlassen, die sie niemals wiedersehen würde, nahezu 500 Meilen weit auf einem Kamel mit einem für sie völlig Fremden zu reisen, einen Mann zu heiraten, den sie noch nie zuvor gesehen hatte. Ihre Familie rief sie zu sich, und sie sprachen: „Willst du mit diesem Mann ziehen?" Und sie antwortete: „Ja, ich will mit ihm" (1. Mose 24, 58). Es war ihre Gewißheit in bezug auf Gottes souveräne Führung, die sie zu dieser Entscheidung bewog, und sie offenbarte ihren Mut und ihr Vertrauen.

Ganz bestimmt waren die langen Stunden ihrer Reise ausgefüllt mit Erzählungen über Isaak. Der alte Knecht beschrieb ihn aufrichtig und vollständig. Isaak war ein bescheidener, sanftmütiger, friedliebender Mann. Er hätte es sich etwas kosten lassen, nur um einen Kampf zu vermeiden (siehe 1. Mose 26, 18—25). Er war außerdem ein besonnener Mann, nicht gerade ein schneller Denker, aber dafür still und zurückhaltend. Er war nicht der große Mann, der sein Vater war, aber er war ein guter Mann, und er besaß einen unerschütterlichen Glauben an Gott und ein Gespür für seinen göttlichen Auftrag. Er wußte, daß Gott durch sein Geschlecht geistlichen Segen über den ganzen Erdkreis bringen würde (1. Mose 26, 3—5). Er war anders als die strahlende, quicklebendige Rebekka — ganz anders. Aber Sachkundige sprechen davon, daß Gegensätze sich anziehen. Und Rebekka konnte spüren, wie ihr Herz hingezogen wurde zu dem Einen, den sie nun bald treffen und mit dem sie sich vermählen würde.

Isaak war gerade draußen auf dem Felde, und man fand ihn in der abendlichen Stunde gedankenversunken, als die Karawane von Kamelen mit ihrer kostbaren Last sich ihm näherte. Rebekka stieg von ihrem Kamel ab, als sie Isaak erblickte, und sie verbarg ihr Angesicht mit einem Schleier, so wie es damals Sitte war. Nachdem er all die aufregenden Einzelheiten der ereignisreichen Reise unter sichtbarer göttlicher Führung erfahren hatte, durch die ihm eine Braut gefunden war, lesen wir: „Da führte sie Isaak in die Hütte seiner Mutter Sara und nahm die Rebekka, und sie ward sein Weib, und er gewann sie lieb. Also ward Isaak getröstet über seine Mutter" (1. Mose 24, 67). Es war ein zarter Anfang.

Aber irgendwo auf ihrem gemeinsamen Weg fing diese Ehe an abzukühlen. Betrachten wir als nächstes den tragischen Niedergang in ihrer Beziehung zueinander. Wir sind nicht völlig im klaren über das eigentliche Problem. Es war bestimmt nicht Mangel an Liebe, denn Isaak liebte Rebekka aufrichtigen Herzens, und — entgegen manchen Ehemännern — zeigte er dies öffentlich. Etwa 40 Jahre nach ihrer Eheschließung hatte man ihn gesehen, wie er seine Frau in aller Öffentlichkeit zärtlich umarmte (1. Mose 26, 8). Das könnte uns dazu führen anzunehmen, daß sie leiblich in guter Beziehung zueinander standen. Und das ist wichtig für eine Ehe. Aber Mann und Frau können nicht ihre ganze Zeit im Bett zubringen. Sie müssen ebenso auch eine tiefe und innige seelische Gemeinsamkeit und eine geistige Verbindung aufbauen.

Sie müssen wahrhaftig untereinander das austauschen, was in ihrem Innern vor sich geht, und einer soll dem andern seine Gedanken und seine Gefühle mitteilen. Und hier gewinnen wir den Eindruck, daß Isaak und Rebekka versagt haben.

Eines ihrer Probleme mag ihre Kinderlosigkeit gewesen sein. Isaak war vielleicht in seinem Herzen tief enttäuscht darüber, ohne dies jemals zuzugeben. Kinder zu haben war zu jener Zeit weitaus bedeutsamer als es heute ist, und sie versuchten es ungefähr 20 Jahre ohne Erfolg. Viel Bitterkeit kann sich in 20 Jahren im Herzen eines Menschen ansammeln. Aber Isaak wandte sich mit seinem Problem schließlich an den rechten Ort. „Isaak aber bat den Herrn für sein Weib, denn sie war unfruchtbar. Und der Herr ließ sich erbitten, und Rebekka, sein Weib, ward schwanger" (1. Mose 25, 21).

Kinder zu haben löst jedoch nicht unbedingt auch Probleme. Die Zwillinge, die ihnen bald darauf geboren werden sollten, rührten ein Problem, das bereits in ihrer Beziehung bestand, nur noch mehr auf. Das Problem scheint ein mangelhaftes Mitteilungsvermögen gewesen zu sein. Rebekka in ihrer übersprudelnden Lebensfreude liebte die Unterhaltung. Isaak dagegen mit seiner in sich gekehrten Persönlichkeit hatte lieber Einsamkeit und Stille. Man konnte sich nur mühsam mit ihm unterhalten. Während all der Jahre nahm das Mitteilungsbedürfnis mehr und mehr ab. Und Rebekkas Bitterkeit wuchs wegen dieser fehlenden inneren Gemeinschaft und Geselligkeit, wonach sich jede Frau sehnt. Ihre Stimme hat dabei vielleicht einen harten Unterton angenommen. In ihrem Gesicht haben sich vielleicht Züge der Abneigung und der Geringschätzung gebildet. Und ihre verächtlichen Blicke und ihre boshaften Bemerkungen trieben Isaak nur noch mehr von ihr fort, um seinen kostbaren Frieden woanders zu finden. Seine Ohren mögen taub geworden sein gegen die schrille Schwingung in ihrer Stimme. Moderne Fachkundige berichten uns, daß dies tatsächlich geschehen kann.

Als Rebekka schwanger wurde, folgte eine schwere Zeit für sie. Isaak war ihr dabei wenig Hilfe, und so schrie sie zum Herrn um Antwort, und er sprach zu ihr: „Zwei Völker sind in deinem Leibe; und ein Volk wird dem andern überlegen sein, und der Ältere wird dem Jüngeren dienen“ (1. Mose 25, 23). Es gibt in der Schrift keinen einzigen Hinweis darauf, daß sie jemals mit ihrem Mann über jene ungewöhnliche göttliche Verheißung gesprochen hätte, daß Jakob, der Jüngere, den Segen des Erstgeborenen empfangen würde. Rebekkas Name taucht in der Schrift nur noch an einer einzigen Stelle außerhalb des 1. Buches Mose auf, und hier wird diese Verheißung ausschließlich ihrer Person zugeordnet: „Nicht aus Verdienst der Werke, sondern aus Gnade des Berufers — ward zu ihr gesagt: Der Ältere soll dienstbar werden dem Jüngeren“ (Röm. 9, 12). Warum konnte sie ihm nicht dieses erstaunliche Wort von Gott weitersagen? Warum fiel es ihr so schwer, mit Isaak über irgend etwas zu sprechen?

Eheberater schätzen, daß gut die Hälfte aller ihrer Fälle einen schweigsamen Ehemann als Ursache haben. Es gibt Fälle, wie beispielsweise auch bei Isaak, da fällt es dem Ehemann aus naturgegebenen Gründen schwer zu reden. Vielleicht ist er kein großer Denker und hat nicht viel zu sagen. Vielleicht war er schon immer still gewesen und weiß nicht, wie man sich mitteilt. Es gibt aber auch andere Fälle, in denen ein durchaus mitteilsamer Mann es versäumt, mit seiner Frau über gewisse Dinge zu reden, weil für ihn plötzlich anderes dazwischentritt und er nicht erkennt, wie wichtig es ist, mit ihr darüber zu reden. Wenn sie dann mit ihm darüber nörgelt, hüllt er sich vielleicht in Schweigen und zieht sich noch mehr zurück.

Aber was auch immer der Grund für seine Schweigsamkeit sein mag: er muß an sich arbeiten, um mitteilsam zu werden. Seine Frau braucht diese verbale Gemeinschaft und Gesellschaft. Gott hat sie so geschaffen. Und Gott kann einem Ehemann helfen, in diesem Bereich zu lernen, wenn er möchte, daß ihm geholfen wird, und wenn er diese Hilfe von oben sucht. Ob er nun ein großer Redner wird oder nicht, spielt hier keine Rolle; zumindest kann er es lernen, ein guter Zuhörer zu werden. Seine Frau hat ein Bedürfnis dafür, daß er ihr mit ungeteilter Aufmerksamkeit zuhört; nicht ein Ohr am Fernsehen und das andere bei ihr, sondern beide Ohren weit offen und ganz ihr zugeneigt. Vielleicht ist es gerade das, was sie wirklich braucht. Männer, üben Sie sich in der Liebe, damit Sie zuhören können!

Es gibt aber auch Fälle, da ist das Problem umgekehrt. Der Mann möchte sich unterhalten, und die Frau hat Schwierigkeiten, sich mitzuteilen. Wie auch immer die Situation bei Ihnen zu Hause sein mag, Sie können sich das Reden mit Ihrem Ehegefährten leichter machen, indem Sie sich ein paar wichtige Grundregeln hierfür merken. Zum einen: Drängen Sie nicht. Lassen Sie Ihren Ehepartner die Zeit wählen, und zwar dann, wenn er sich ganz frei dazu fühlt. Nehmen Sie ihn vorurteilslos an, wenn er seine Gefühle und Frustrationen zum Ausdruck bringt. Wenn Sie widersprechen müssen, so tun Sie es freundlich und respektvoll, nicht sarkastisch oder so, daß Sie ihn verurteilen. Versuchen Sie, den andern zu verstehen, anstatt sich krampfhaft zu bemühen, selbst verstanden zu werden. Ziehen Sie nicht voreilige Schlußfolgerungen, sondern hören Sie den andern geduldig bis zum Ende an. Und vor allen Dingen, nörgeln Sie nicht! Das Nörgeln ist der Unterhaltungstöter Nummer 1 in unserer Welt.

Offensichtlich sprach niemand jemals mit Isaak und Rebekka über diese Dinge. Ihre Beziehung wurde schlechter und immer schlechter. Als die Zwillinge geboren wurden, waren ihre Persönlichkeiten — wie nicht anders zu erwarten — ganz und gar verschieden voneinander. Die Schrift sagt: „Und da nun die Knaben groß wurden, ward Esau ein Jäger und streifte auf dem Felde, Jakob aber ein sanfter Mann und blieb in den Hütten" (1. Mose 25, 27). Wie es so oft geschieht, wenn Mann und Frau in mangelhafter Ehegemeinschaft leben, so klammerten auch Isaak und Rebekka sich jeweils an eines ihrer Kinder, um in einer Art Ersatzgemeinschaft die Leere in ihrer Seele auszufüllen. „Und Isaak hatte Esau lieb und aß gerne von seinem Weidwerk; Rebekka aber hatte Jakob lieb" (1. Mose 25, 28).

Isaak sah in Esau den rauhen Mann von draußen, der er selbst niemals war, und mehr und mehr erfreute er sich stellvertretend der verwegenen Heldentaten des Esau, während er sein köstliches Wildbret genoß. Rebekka hingegen hatte eine Vorliebe für Jakob. Er war seinem Zuhause eng verbunden. Er redete vermutlich mit ihr, hörte ihr zu und half ihr bei der Hausarbeit. Und sie fand in ihm die Gesellschaft, die sie bei ihrem Mann so sehr vermißte. Es herrschte eine zwiespältige familiäre Atmosphäre, und dies hatte zwangsläufig schwerwiegende Auswirkungen auf das Leben der beiden Jungen.

Die Psychologen unserer Tage warnen uns vor diesen zwei Problemen, die in jener Familie aus alter Zeit gegenwärtig waren. Sie sagen uns, daß eine herrschsüchtige Mutter und ein passiver Vater schuld daran sind, wenn Problemkinder aufwachsen, und daß Vorlieben innerhalb der Familie dazu führen können, daß schwerwiegende Persönlichkeitsschäden bei den Kindern auftreten. Während beispielsweise ein Kind durch einen Elternteil verwöhnt und verdorben aufwächst, wird es vom andern Elternteil durchweg abgelehnt, und es wird immer wieder das Opfer seiner Kritik. Beide tun sie ihm nichts Gutes an, und beide zusammen tragen sie dazu bei, daß das Kind eine mangelhafte Selbstachtung und zwiespältige Gefühle entwickelt, die Verwirrung schaffen und ihn mit Schuld beladen. Es wächst in ihm die Mißachtung gegenüber dem Elternteil, der ihn verweichlicht hat, und die Verachtung gegenüber dem, der ihn abgelehnt hat. Und schließlich wird das Kind beide verschmähen und anfangen, danach zu greifen, was es sich fürs Leben wünscht, ungeachtet dessen, wen oder was es bei diesem Vorgang zerstört.

Und genau das geschah daheim bei Isaak und Rebekka. Jakob zeigte seine selbstsüchtige Gier, indem er seines Bruders Geburtsrecht stahl (1. Mose 25, 29—34). Esau stellte seine Geringschätzung den Eltern gegenüber zur Schau, indem er gegen ihren Wunsch zwei Töchter des Hethiters heiratete (1. Mose 26, 34 und 35). Und der friedliebende Isaak saß müßig herum, ließ sich sein Wildbret schmecken und duldete alles.

Dem tragischen Verfall dieser Beziehung folgte schließlich das verräterische Ende. „Verräterisch" ist das einzige Wort, das mir einfällt, um die in 1. Mose 27 berichteten Ereignisse zu beschreiben. Rebekka hörte, während sie draußen am Zelt lauschte, wie der alt gewordene Isaak zu Esau sprach, er möge zur Jagd ausziehen und ihm ein schmackhaftes Wildbret zubereiten, damit er seine Kraft zurückempfinge und ihn, bevor er sterben würde, segnen könne. In Wirklichkeit lebte Isaak noch viele Jahre darnach, aber er war unzugänglich und gänzlich verschlossen geworden und war einem Zustand des Trübsinns und der Schwermut verfallen.

Es ist wichtig, sich klarzumachen, daß er noch immer nicht wußte, daß Jakob den Segen der Erstgeburt empfangen und das geistige Oberhaupt der Familie werden sollte. Die Schrift erklärt dies später: „Durch den Glauben segnete Isaak von den zukünftigen Dingen den Jakob und Esau" (Hebr. 11, 20). Isaak dachte, er hätte Esau gesegnet, nicht Jakob. Der Geist Gottes hätte bestimmt nicht gesagt: „Durch den Glauben", wenn Isaak diesen seinen Segen in bewußtem Ungehorsam gegen den Willen Gottes gegeben hätte. Isaak wußte bis dahin nichts davon!

Dies wäre nun für Rebekka genau der richtige Zeitpunkt gewesen, um ihre Zuflucht bei Gott zu suchen, ihn um göttliche Weisheit anzuflehen und dann auf Isaak zuzugehen, um ihn das wissen zu lassen, was Gott ihr kurz vor der Geburt der beiden Zwillinge mitgeteilt hatte. Gab es einen besseren Augenblick als diesen? Wenn sie aufgrund von Gottes Wort, das er zu ihr geredet hatte, vernünftig mit ihm darüber gesprochen hätte, so wäre es ihr bestimmt gelungen, Jakob den Segen, den Gott auf ihn legen wollte, zu sichern. Aber anstatt zu beten und darüber zu sprechen, wählte sie lieber den Verrat und den Betrug.

Wenn man die eigenen Gedanken verbirgt, so kann das tatsächlich eine Form von Betrug sein, und Betrug war auch die Lebensweise für Isaak und Rebekka geworden. Nun stand er schon in vollster Blüte. Wir tun gut daran, diesen Punkt sehr aufmerksam zu überdenken, denn dies sind die Früchte, die ein Mangel an Mitteilung eines schönen Tages hervorbringen kann.

Rebekkas teuflischer Plan war es, Jakob dabei zu helfen, daß er sich als sein Bruder Esau ausgab, um so den alten blinden Isaak hinters Licht zu führen, damit er ihn statt seines Bruders segnen würde. Jakob war von dem Gedanken nicht begeistert, weil Esau ein haariger Mann war, er dagegen war ein glatthäutiger Jüngling. Es war immerhin möglich, daß sein Vater seine Hände auf ihn legen und dabei seine glatte Haut spüren würde, und sein Betrug wäre somit aufgedeckt worden und hätte ihm Fluch statt Segen eingebracht. Aber Rebekka erbot sich, allen Fluch auf sich zu nehmen und drängte ihn vorwärts und zu tun, was sie in geheißen hatte. Ihr Anerbieten klang so aufopfernd, aber es war sündhaft und verderblich.

Vertrauen ist ganz entscheidend in jeder Liebesbeziehung, und Vertrauen kann nicht gedeihen in einem Heim, wo es Unaufrichtigkeit und Betrug gibt, wie hier in diesem Fall. Eheleute, die bewußt dem andern Dinge vorenthalten, die umherschleichen und die Wahrheit verbergen — beispielsweise über die Finanzlage, die Aktivitäten, in die sie verwickelt sind, über die Dinge, die die Kinder angestellt haben und anderes mehr —, werden in ihrer Beziehung zueinander niemals die Fülle der Liebe Gottes erleben. Liebe kann nur wachsen in einer Atmosphäre absoluter Ehrlichkeit. Petrus ermahnt uns, allen Betrug und alle Heuchelei, Neid und alles Afterreden abzulegen (1. Petr. 2, 1). Paulus legt uns nahe, rechtschaffen zu sein in der Liebe (Eph. 4, 15).

Rebekka und Jakob hatten vergessen, was Wahrheit ist. Mit Hilfe einiger Ziegenhäute vollführten die beiden Schwindler ihren betrügerischen Anschlag. Isaak zitterte, als er später entdeckte, daß er das Opfer seiner Frau und seines Sohnes geworden war, aber er kehrte den Segen nicht um. Er hatte Jakob gesegnet, „er wird auch gesegnet bleiben", bestätigte er zuversichtlich (1. Mose 27, 33). Isaak erkannte, daß Gott seine ursprünglichen Absichten verworfen hatte, wenngleich es auch durch einen Akt des Betrugs geschah. Seine bereitwillige Annahme dessen, was Gott geschehen ließ, war ein derart bedeutsamer Ausdruck seines Glaubens an Gottes allmächtige Hand über jeder Situation seines Lebens, daß er in der Reihe der Glaubenshelden des Alten Testaments mit aufgeführt ist (Hebr. 11, 20).

Esau jedoch hatte nicht soviel Glauben. Er schwor, er werde seinen Bruder töten. Aber — wie nicht anders zu erwarten, kam Rebekka wieder mit einer neuen Spitzfindigkeit. Als sie von Esaus Absicht erfuhr, rief sie Jakob zu sich und sprach zu ihm: „Siehe, dein Bruder Esau droht dir, daß er dich erwürgen will. Und nun höre meine Stimme, mein Sohn: Mache dich auf und fliehe zu meinem Bruder Laban gen Haran und bleib eine Weile bei ihm, bis sich der Grimm deines Bruders legt, und bis sich sein Zorn wider dich von ihm wendet und er vergißt, was du an ihm getan hast; so will ich darnach schicken und dich von dannen holen lassen. Warum sollte ich euer beider beraubt werden auf einen Tag?" (1. Mose 27, 42—45).

Um Isaaks Einverständnis zu ihrem Plan zu erhalten, mußte sie ihn nochmals betrügen. Es war ein weiteres Meisterstück. Man kann die Melodramatik der Situation geradezu mitempfinden, indem sie ausruft: „Mich verdrießt, zu leben vor den Töchtern Heth. Wo Jakob ein Weib nimmt von den Töchtern Heth wie diese, von den Töchtern des Landes, was soll mir das Leben?" (1. Mose 27, 46). So rief Isaak pflichtbewußt Jakob zu sich und unterwies ihn, nach Haran zu gehen, um sich dort eine Frau zu suchen. Ein Betrug fordert den anderen heraus, bis sich schließlich das Leben des Betrügers in einem hoffnungslos verworrenen Netzwerk der Verzweiflung verfangen hat.

Arme Rebekka! Sie dachte, sie täte das Richtige, aber Gott fordert uns niemals zur Sünde auf, um seinen Willen durchzuführen. Durch den Betrug wuchs die Entfremdung zwischen Rebekka und ihrem Mann nur noch mehr; sie brachte ihren erstgeborenen Sohn so weit, daß er außer sich vor Wut geriet und sich völlig abwandte; und während sie sich dem Gedanken hingab, ihren vielgeliebten Jakob nun für einige wenige Tage nicht zu sehen, sah sie ihn in Wirklichkeit nie mehr wieder. Als er 20 Jahre später nach Hause zurückkehrte, war Isaak noch immer am Leben, Rebekka aber lag neben Abraham und Sara in der Grabesschlucht von Machpelah, gegenüber Mamre begraben.

Einiges mag sich vielleicht in den Details verändert haben, aber die großen, wesentlichen Linien ihres Lebens haben sich seitdem in vielen Familien wiederholt. Vielleicht spielt sich auch bei Ihnen gerade jetzt das gleiche ab. Die Mitteilsamkeit ist zu einem Stillstand gekommen. Sie leben unter ein und demselben Dach, aber Sie leben in Ihrer eigenen Welt und sind allein. Es spielt dabei keine Rolle, wer die meiste Schuld trägt, ob Ehemann oder Frau. Machen Sie Schluß damit, sich immer mehr zu entzweien. Wenden Sie sich dem andern zu und sagen: „Ich brauche dich. Bitte sprich wieder mit mir. Ich muß wissen, was du denkst und fühlst. Bitte, suche wieder die Gemeinschaft mit mir. Ich sehne mich darnach, daß du mir zuhörst und versuchst, mich zu verstehen." Dann fangen Sie an, darüber frei und ehrlich zu sprechen. Holen Sie weit aus, bis tief in Ihr Herz hinein, teilen Sie sich gegenseitig Ihr Herzeleid, Ihre Ängste, Ihre Kämpfe, Ihre Enttäuschungen mit. Sprechen Sie über Ihre Schwachheiten, Ihre innere Verwirrung, Ihre Bedürfnisse sowie auch über Ihre Zielvorstellungen und Hoffnungen. Und dann hören Sie dem andern geduldig und mit viel Verständnis und Vergebung zu; und ermutigen Sie sich gegenseitig mit einem liebenden Herzen. Ganz neue Freuden werden sich Ihnen eröffnen, während Sie wieder zusammenwachsen.

Wie stehen Sie dazu?

1. Gibt es in Ihrer familiären Beziehung irgendeinen Hinweis auf eine ähnliche Art übertriebener Liebe zu Ihren Kindern, die so unglückliche Folgen wie die in Isaaks Ehe hatte? Was können Sie dagegen tun?
2. Wie können Sie Ihren Kindern beibringen, daß es ganz entscheidend für ihr Leben ist, einen gläubigen Ehepartner zu heiraten und ihre Wahl nach Gottes Willen zu treffen?
3. Warum hat nach Ihrer Meinung Rebekka niemals mit Isaak über Gottes Verheißung bezüglich ihrer Söhne gesprochen?
4. Warum verbergen Eheleute in unserer Zeit manchmal gewisse Dinge voreinander? Welche Mittel und Wege können hier Abhilfe schaffen?
5. Haben Sie das Gefühl, daß Sie mit Ihrem Ehepartner freimütig über Ihre tiefsten Herzensangelegenheiten sprechen können? Wenn nicht, aus welchem Grunde nicht? Reden Sie über diese Gründe mit Ihrem Ehepartner.
6. Ist das, was Ihr Ehepartner Ihnen anvertraut, für Sie sehr wichtig? Hören Sie ihm wirklich zu? Wie können Sie in diesem Bereich Fehlhaltungen korrigieren?
7. Welche speziellen Schritte können Sie unternehmen, um die gegenseitige Mitteilung freier, aufrichtiger und intimer zu gestalten?
8. Besitzen Sie Feingefühl gegenüber den Bedürfnissen Ihres Ehepartners oder kreisen Ihre Gedanken im allgemeinen nur immer um den einen Punkt, wie man Sie am besten zufriedenstellen kann? Wie können Sie gegen Ihre selbstsüchtigen Wünsche angehen und sich mehr um die Bedürfnisse Ihres Ehepartners bemühen?
9. Inwieweit suchen Eltern manchmal bei ihren Kindern einen Ersatz für schlechte eheliche Beziehungen zueinander? Welche Gründe liegen hier vor, und wie kann man eine Wendung zum Guten herbeiführen?

4

Niemals zufrieden

Die Geschichte von Jakob und Rahel

Jakob war uns zuletzt begegnet, als er auszog von Beer-Seba und um sein Leben fliehen mußte, weil sein Bruder Esau sich an ihm rächen wollte. Er war noch nicht weit gekommen, da erfuhr er auch schon, daß Gott mit ihm war. Die Botschaft kam in Form eines Traumes über eine Leiter, die sich vom Himmel bis hin zur Erde erstreckte. Der Herr stand am anderen Ende der Leiter und sprach zu Jakob: „Und siehe, ich bin mit dir und will dich behüten, wo du hinziehst, und will dich wieder herbringen in dies Land. Denn ich will dich nicht lassen, bis daß ich tue alles, was ich dir geredet habe" (1. Mose 28, 15). Jakob nannte den Ort Beth-El, das heißt „Haus Gottes".

Ausgerüstet mit dieser kostbaren Verheißung der Gegenwart Gottes, zog Jakob gen Haran, in das Land der Familie seiner Mutter. Es war eine lange und einsame Wanderschaft. Als er nahe an der Stadt war, hatte er wundgelaufene Füße, war völlig erschöpft, und ein quälendes Heimweh beschlich ihn. Zu alldem wußte er nicht einmal genau, wohin er gehen sollte. Er machte eine Quelle ausfindig und legte sich dort zur Rast. Und so begab es sich, daß er einige Hirten traf, die sich auch an der Quelle labten; diese redete er an und fragte sie: „Liebe Brüder, wo seid ihr her?" Sie antworteten: „Wir sind von Haran." Jakob muß bestimmt einen Seufzer der Erleichterung ausgestoßen haben. Der Herr hatte ihn sicher an seinen Bestimmungsort gebracht. Und so fragte er weiter: „Kennt ihr auch Laban, den Sohn Nahors?" „Wir kennen ihn wohl", antworteten sie. Und wieder muß sein Herz froh geworden sein, als er sich der Treue Gottes in seiner Führung so recht bewußt wurde. „Geht es ihm auch wohl?" wollte er wissen. Und sie antworteten ihm: „Es geht ihm wohl; und siehe, da kommt seine Tochter Rahel mit den Schafen" (1. Mose 29, 4—6).

Jakob wandte sich um, er wagte einen einzigen schicksalhaften Blick, und dies war ohne jeden Zweifel Liebe auf den ersten Blick. Sie war ein liebliches Mädchen, „hübsch und schön" (1. Mose 29, 17). Und ihre Augen, wie sie strahlten und glänzten! Sie waren ganz anders als die ihrer älteren Schwester Lea, die keinen Glanz besaßen, und sie müssen dunkel und funkelnd und bezaubernd schön gewesen sein.

Jakob war beeindruckt — vermutlich allzu tief beeindruckt. Man hat das Gefühl, als sei Jakob von Rahels Schönheit und ihrem Charme so fasziniert und bezaubert gewesen, daß er dabei ihre Mängel völlig übersah und in seiner Beziehung zu ihr überhaupt nicht nach dem Willen Gottes fragte. Und weil er klug im Handeln und ein Mann der Tat war, machte er sich sogleich ans Geschäft. Er ermahnte die Hirten, daß es noch nicht Zeit wäre, das Vieh einzutreiben; sie sollten lieber, solange es noch Tag sei, die Schafe tränken und sie auf die Weide führen; vermutlich von ihm ein Vorwand, um sie loszuwerden, damit er mit Rahel alleine reden konnte. Aber die Hirten hatten einer Art Abmachung zu folgen, nach der sie erst dann den Stein von des Brunnens Loch wälzen und die Schafe tränken durften, nachdem alle Herden zusammengebracht waren (1. Mose 29, 7—8).

„Als er noch mit ihnen redete, kam Rahel mit den Schafen ihres Vaters; denn sie hütete die Schafe. Da aber Jakob sah Rahel, die Tochter Labans, des Bruders seiner Mutter, trat er hinzu und wälzte den Stein von dem Loch des Brunnens und tränkte die Schafe Labans, des Bruders seiner Mutter" (1. Mose 29, 9 und 10). Jakob war vielleicht ein Jüngling von sehr häuslicher Art, aber er war kein Schwächling. Er bewegte einen Stein, der normalerweise nur von mehreren Leuten hinweggewälzt werden konnte, und tränkte alle Schafe Rahels. Wollte er sich damit vielleicht ein wenig großtun?

Wir lesen weiter: „Und er küßte Rahel und weinte laut" (1. Mose 29, 11). Das Gefühl des Augenblicks überwältigte ihn. Das Wunder von Gottes Führung und Bewahrung, das Entzücken darüber, daß er seine hübsche Cousine getroffen hatte, die leise Ahnung dessen, was die Zukunft ihm bringen könnte — all das erfüllte sein Herz so sehr, daß er vor Freude weinte. Unsere heutige Gesellschaft wäre entrüstet über einen Mann, der seine Gefühle derart zur Schau trägt, aber der ehrliche Ausdruck unserer Gefühle wäre unserem Gefühlsleben sicher nur heilsam und würde unsere Ehen standfester machen.

Es scheint, als ob diese Liebesgeschichte nunmehr ihren glanzvollen Anfang nehmen sollte. Die schöne Nachbarin und der neue Jüngling in der Stadt hatten sich gefunden. Aber sogleich regen sich Zweifel in uns über die spontane Verbindung. Wir wissen, daß eine Beziehung, die sich im wesentlichen auf körperliche Anziehung gründet, sich auf schlüpfrigem Boden bewegt. Hollywood hat uns für diese These das beste Beispiel geliefert. Und das eheliche Mißgeschick des sprichwörtlichen Fußballhelden, der seine Königin heimführt, legt ebenfalls Zeugnis davon ab. Sie können ihre Ehe zum Erfolg führen, aber es bedarf einiger zusätzlicher Anstrengungen, damit ihre Beziehung weit über die physische Anziehung, durch die sie in Gang gesetzt wurde, hinauswächst.

Aber wenn ein Mann in eine Frau verliebt ist, möchte er solche Dinge nicht hören. Er wird sie erobern, alles andere ist ihm gleichgültig. Schon nach einem Monat, nachdem Jakob in Haran angekommen war, trat Onkel Laban an ihn heran, um zu sehen, ob sie eine für beide Teile annehmbare Lohnabmachung treffen könnten. Die Schrift sagt, daß Jakob die Rahel lieb gewann und sich anbot, Laban sieben Jahre zu dienen, um somit um die Hand seiner Tochter Rahel anzuhalten (1. Mose 29, 18). Er konnte Laban kein anderes Angebot für seine Tochter machen, so versprach er seine Dienste anstelle einer Mitgift. Und jetzt kommen uns noch mehr Zweifel. Ein Monat ist für uns eine kaum ausreichende Zeitspanne, jemand gut genug kennenzulernen, um eine lebenslange Bindung einzugehen, und es läßt uns gewiß nicht genügend Zeit, um uns zu prüfen, ob wir wirklich den andern lieben. Wahre Liebe erfordert feste Gewißheit. Wenn einer vorgibt, jemanden zu lieben, den er nicht vorher sehr gründlich kennengelernt hat, so liebt er nur das Scheinbild von jener Person. Und wenn diese Person in ihrer Realität dem Scheinbild nicht entspricht, kehrt sich seine sogenannte „Liebe“ in Enttäuschung und Verdruß und manchmal sogar in Haß.

Aber Jakob dachte, er wäre verliebt. Wenn Rahel in seiner Nähe war, schlug sein Herz höher, und ein wunderbares Gefühl umfing ihn. Sie war das schönste Geschöpf, das seine Augen je wahrgenommen hatten, und er fühlte, daß das Leben ohne sie wertlos sein würde. Das war genug für ihn. „Also diente Jakob um Rahel sieben Jahre, und sie deuchten ihn, als wären's einzelne Tage, so lieb hatte er sie" (1. Mose 29, 20). Das ist eine bemerkenswerte Feststellung. Dies ist wahrlich eines der lieblichsten Worte über die Gefühle eines Mannes zu einer Frau, die jemals festgehalten wurden. Sieben Jahre sind eine lange Wartezeit, und ich meine, daß in dieser Zeit Jakobs Liebe zu Rahel wirklich gewachsen war. Die körperliche Anziehung war noch immer da, aber er konnte nicht durch eine sieben Jahre andauernde Verlobungszeit in solch engem Kontakt leben, ohne nicht auch einen großen Teil über sie selbst, über das Gute wie auch das Schlechte zu erfahren. Diese Ehe sollte noch schwere Zeiten sehen, aber hätte es nicht jene lange Zeit der Verlobung und Jakobs vertiefte und herangereifte Liebe gegeben, so hätte sie vermutlich überhaupt nicht standgehalten.

Zu viele Paare heiraten in Eile; wenn sie dann aber eines Tages zur Besinnung kommen, bereuen sie diesen Schritt. Sieben Jahre Verlobungszeit mag ein bißchen zu lang sein, aber es braucht Zeit, um die lieben und die unliebsamen Züge des andern kennenzulernen, so daß man entscheiden kann, ob man sich trotz gewisser unangenehmer Charakterzüge dem andern selbstlos hingeben kann. Eine große Prüfung in bezug auf die wahre Liebe ist deshalb die Fähigkeit zu warten. Eile schafft Verblendung, und diese ist für gewöhnlich selbstsüchtig. Man sagt: „Ich fühle mich wohl, wenn ich bei dir bin; deshalb muß ich mich beeilen, daß ich dich zum Altar führe, bevor ich dich wieder verliere und damit auch alle meine guten Gefühle." Die wahre Liebe sagt: „Am meisten von allem wünsche ich dein Glück, und ich bin bereit zu warten, wenn es sein muß, um sicher zu sein, daß dies das Beste für dich ist." Und wenn sie echt ist, wird sie den Test der Zeit bestehen. Jakob wartete, und seine romantische Liebe auf den ersten Blick wuchs zu einer tiefen Bindung des Geistes und zu einer völligen Hingabe der Seele.

Es gibt ein altes Sprichwort, das lautet so: „Wahre Liebe verläuft nie reibungslos." Und so war es auch bei Jakob und Rahel. Wir wollen uns einmal die Liebe unter großer Belastung näher ansehen. Onkel Laban war derjenige, der den Schraubenschlüssel in die Maschine warf. Schlau und betrügerisch, wie er war, vertauschte der alte Schwindler in Jakobs Hochzeitsnacht die Rahel mit der Lea. Mit einem schweren Schleier vor ihrem Gesicht und einem lang herabwallenden Gewand, das ihren Körper bedeckte, kam sie unbemerkt durch die Zeremonie. Indem sie nur im Flüsterton in dem dunklen Zelt sprach, betörte sie Jakob während der Nacht. Aber können wir uns Jakobs äußerste Bestürzung vorstellen, als das Morgenlicht Labans Schwindel aufdeckte? Er war vermutlich wütend auf die ganze Familie wegen ihres ausgemachten Betruges.

Das war nicht gerade die glücklichste Art und Weise, wie Lea ihr Eheleben begann, nicht wahr? Ich habe den Verdacht, daß sie Jakob vom ersten Augenblick an liebte und sich darnach sehnte, daß er ihre Liebe erwiderte. Bereitwillig ließ sie sich auf den Plan ihres Vaters ein, fand aber sehr wenig Befriedigung in dem Mann, der ihr durch Betrug zugespielt worden war. Jemand durch einen Trick zur Ehe verpflichten ist ein gefährliches Unterfangen, aber es wird heute noch gemacht. Es gibt Frauen, die versuchen, sich durch Sex einen Mann einzuhandeln, andere wiederum versuchen es mit einem Kind oder sie locken einen Mann mit Familienbesitz in eine Falle. Es gibt aber umgekehrt auch Männer, die einer Frau Wohlstand versprechen oder vorgeben, etwas zu sein, was nicht der Wahrheit entspricht, und die ihre Fehler verbergen, bis die Feierlichkeit vorüber ist. Die Flitterwochen decken dann vielleicht schon den falschen Schein auf, und die Frau muß feststellen, daß sie ein Ungeheuer von Mann geheiratet hat, den sie vorher gar nicht richtig kennengelernt hat. Die Folgen der Täuschung sind oft schmerzlich und kummervoll.

Der großherzige Laban bot Jakob auch noch seine Tochter Rahel an, wenn er weitere sieben Jahre für ihn arbeiten würde. „Halte mit dieser die Woche aus, so will ich dir diese auch geben um den Dienst, den du bei mir noch andere sieben Jahre dienen sollst“ (1. Mose 29, 27). Die Woche bezieht sich auf die Woche der Hochzeitsfeierlichkeiten. Jakob brauchte keine weiteren sieben Jahre zu warten, sondern nur noch eine Woche. Aber er mußte sieben weitere Jahre ohne Entlohnung arbeiten, nachdem er auch die Rahel noch geheiratet hatte: „Also ging er auch zu Rahel ein, und hatte Rahel lieber als Lea; und diente bei ihm fürder die andern sieben Jahre“ (1. Mose 29, 30).

So haben wir den ersten gottesfürchtigen Patriarchen, der eine Doppelehe eingeht. Es war nicht Gottes vollkommener Wille. Gott schuf eine Frau für einen Mann (1. Mose 2, 24; siehe auch 3. Mose 18, 18; 1. Tim. 3, 2). Obwohl Jakob einem Betrug anheimgefallen war, gab es doch Alternativen. Einige stehen auf dem Standpunkt, daß er Lea hätte zurückweisen müssen, weil er sie nicht aus freiem Willen genommen hatte. Ich persönlich möchte allerdings eine andere Alternative zur Diskussion stellen: Jakob hätte seine Ehe mit Lea als den Willen Gottes für sein Leben akzeptieren und es lernen können, sie allein zu lieben. Jakobs Vater akzeptierte die Folgen des

Betrugs, nachdem Jakob sich als seinen Bruder Esau ausgegeben hatte und sich somit das Erstgeburtsrecht erstahl, und Jakob wurde dafür im Neuen Testament lobend erwähnt. Vielleicht hätte Jakob auch ein Lob bekommen, wenn er diese Folgen aus der allmächtigen Hand Gottes genommen und so Glauben geübt hätte. Und darf ich daran erinnern, daß Lea und nicht Rahel die Mutter Judas war, durch den einstmals der Erlöser kommen sollte (1. Mose 29, 35)? Aber Jakob wollte nicht glauben, daß Gott all sein Geschick in Händen hielt. Er würde das haben, was er haben wollte, auch ohne Gottes Willen. Und die Ereignisse, die dann folgten, sollten Beweis genug dafür sein, daß die Doppelehe niemals ein Teil von Gottes Plan für das Menschengeschlecht war.

Unter dem Druck dieser doppelehelichen Beziehung begann Rahels wahrer Charakter an die Oberfläche zu kommen. Als sie sah, daß Lea dem Jakob Kinder gebar und sie nicht, wurde sie sehr eifersüchtig auf ihre Schwester und sprach zu Jakob: „Schaffe mir Kinder, wo nicht, so sterbe ich" (1. Mose 30, 1). Damit wollte sie sagen: „Wenn ich nicht meinen eigenen Willen haben kann, dann möchte ich lieber tot sein." Hier war eine Frau, die fast alles im Leben besaß — große körperliche Schönheit, alle materiellen Güter, die sie brauchte, und die hingebungsvolle Verehrung eines liebenden Ehemannes. War nicht Jakobs Liebe mehr wert als eine Anzahl von Söhnen? Nein, das war sie nicht, nicht für Rahel. Sie mußte alles haben, was ihr Herz sich wünschte, sonst war das Leben nicht lebenswert. Sie war neidisch, selbstsüchtig, mürrisch, reizbar, unzufrieden und fordernd. Und Jakob verlor seinen Gleichmut. „Jakob aber ward sehr zornig auf Rahel und sprach: Bin ich doch nicht Gott, der dir deines Leibes Frucht nicht geben will" (1. Mose 30, 2). Sein Zorn war in Gottes Augen nicht recht, wohl aber seine treffsichere Beurteilung der Situation. Das Wunder der Empfängnis liegt in Gottes Macht.

Die Sünde der Unzufriedenheit hat seit Jakobs Tagen schon unzählige menschliche Beziehungen zerstört. Einige Ehepaare haben Zorn auf Gott, weil er ihnen keine Kinder schenkt, während andere, die Kinder haben, sich auf den Tag freuen, wenn ihre Zöglinge herangewachsen sind und das Haus verlassen haben, so daß sie dann endlich Frieden und Ruhe haben. Hausfrauen möchten gerne mit berufstätigen Frauen tauschen, und berufstätige Frauen beneiden Nur-Hausfrauen.

Es gibt Christen, die mit dem Ort, wo sie leben, mit ihrem Beruf, ihrem Gelderwerb oder auch mit dem Haus, in dem sie wohnen, unzufrieden sind. Irgend etwas erscheint immer besser als das, was sie besitzen. Einige Frauen sind unzufrieden mit ihren Ehemännern. Sie jammern und zanken, weil die Männer ihnen nicht genug Aufmerksamkeit schenken, sich nicht genügend Zeit für die Kinder nehmen, keine kleinen handwerklichen Aufgaben im Haus ausführen wollen, zu lange ausbleiben oder sich in Gedanken mehr mit ihrem Beruf, ihren Autos, ihren Hobbies, mit Fernsehen und Sport beschäftigen. Da gibt es aber auch Ehemänner, die mit ihren Frauen unzufrieden sind. Sie üben Kritik an der Art, wie sie sich kleiden, wie sie ihr Haar tragen, wie sie kochen, wie sie die Hausarbeit erledigen oder die Art, wie sie die Kinder behandeln. Sie regen sich auf, weil sie zu lange schlafen, zuviel essen, zuviel Zeit vergeuden oder zuviel Geld ausgeben. Wie sehr sich manche Frauen auch bemühen, sie können ihren unzufriedenen Ehemännern nie wohlgefällig sein.

Einige dieser Dinge sind wichtig genug, daß man sie ausspricht. Ich plädiere nicht dafür, daß wir sie völlig ignorieren und still vor uns hin leiden. Aber ein Geist der Unzufriedenheit, der uns zu Zank und Streit, zum Nörgeln und Murren verleitet, ist ein großes Hindernis für glückliche eheliche Beziehungen. Gott möchte, daß wir zufrieden sind mit dem, was wir haben. „Es ist aber ein großer Gewinn, wer gottselig ist und lässet sich genügen" (1. Tim. 6, 6). Paulus konnte sagen: „. . . denn ich habe gelernt, worin ich bin, mir genügen zu lassen" (Phil. 4, 11). Wenn wir in unserem Leben Züge der Unzufriedenheit erkennen und sie als Sünde bekennen, dann können wir Gottes Gnade ergreifen, um zu überwinden und neue Freude am Leben zu finden.

Rahels Unzufriedenheit führte sie zu der gleichen Art fleischlicher Gedanken, wie Sara sie hegte. Sie überließ Jakob ihre Magd Bilha, so daß er mit ihr einen Sohn haben konnte, und sie tat es zweimal. (1. Mose 30, 3—8). In ihrer damaligen Kultur würden die Kinder dieser Vereinigung praktisch Rahels Kinder sein. Aber wir gewinnen einen weiteren Einblick in Rahels selbstsüchtige Natur, als Bilhas zweiter Sohn geboren wurde. Rahel sprach: „Gott hat es gewandt mit mir und meiner Schwester, und ich werde es ihr zuvortun" (1. Mose 30, 8). Sie nannte das Kind Naphthali, was soviel wie „Ringen" bedeutet. Sie sah sich in einem Kampf mit ihrer Schwester um den ersten Platz in Jakobs Wertschätzung.

Ihre eifersüchtige Rebellion wurde kurze Zeit darauf wieder offensichtlich. Der kleine Ruben, Leas Erstgeborener, der zu der Zeit vielleicht vier Jahre alt gewesen sein mag, war zur Weizenernte ausgegangen und hatte Liebesäpfel auf dem Felde gefunden und, so wie jeder kleine Junge in dem Alter es tun würde, brachte er sie mit nach Hause und gab sie seiner Mutter. Rahel sah dies und beschloß, daß sie auch welche haben wollte. Sie verlangte immer nach dem, was andere besaßen. So ging sie mit Jakobs Liebe zu Lea hausieren und überließ ihr Jakob für die Nacht um einiger Liebesäpfel willen (1. Mose 30, 14 und 15).

Der gleiche Geist der Unzufriedenheit zeigte sich immer wieder in ihrem weiteren Leben. Gott schenkte ihr schließlich einen eigenen Sohn, und nun erwarten wir, daß sie zufrieden gewesen wäre, aber sie nannte ihn Joseph, was soviel wie „möge er weitere hinzufügen" bedeutet. Und sie sprach: „Der Herr wolle mir noch einen Sohn dazugeben" (1. Mose 30, 24). Mehr, mehr, mehr! Rahel war nie vollkommen glücklich mit dem, was sie hatte.

Aber dies ist noch nicht das Ende. Gott sprach zu Jakob, daß es Zeit wäre, Onkel Laban zu verlassen und zurück nach Kanaan zu gehen. Er hatte es zu so viel Reichtum gebracht, daß Laban ihm nicht mehr so wohl gesonnen schien. So sammelte Jakob seine Frauen und Kinder und all seinen Besitz und machte sich davon, während Laban draußen seine Schafe scheerte. Aber Rahel nahm etwas mit, das keinem von ihnen gehörte; sie stahl die Götzen ihres Vaters, jene Hausgötzen (1. Mose 31, 19). Der Besitzer dieser Götzen galt als der Haupterbe der Familie, selbst wenn er nur ein Schwiegersohn war.

Wieder zeigte sich Rahels Habgier. Sie wünschte sich, daß ihr Mann und nicht ihre Brüder den größten Anteil des Familienerbes bekam; so konnte auch sie davon profitieren. Als Laban sie schließlich auf ihrer Flucht einholte und unter ihren mitgenommenen Gütern nach den Hausgötzen suchte, belog Rahel ihn und betrog ihn, damit er sie nicht finden würde (1. Mose 31, 33—35). Jenes liebliche kleine Mädchen Rahel schien sich zu einem hinterlistigen Weib entwickelt zu haben.

Aber, darf ich Ihnen etwas verraten? Abgesehen von einem einzigen Mal, als Jakob in Zorn geriet, weil Rahel ihn wegen ihrer Kinderlosigkeit anklagte, gibt es keinen Hinweis darauf, daß er trotz ihrer Fehler es jemals an seiner Liebe zu ihr mangeln ließ. Vielmehr gibt es Anzeichen dafür, daß er ihr bis zum Ende ihres Lebens seine Zuneigung bewahrte. Zum Beispiel gewährte er ihr besonderen Schutz, als sie mit Esau zusammentrafen, weil ihrer aller Leben hätte in Gefahr geraten können (1. Mose 33, 2). Jakob war weit davon entfernt, daß man ihn als vollkommen bezeichnen konnte, aber er ist für uns ein

Beispiel dafür, wie ein Ehemann seine Frau behandeln sollte, obgleich sie nicht so ist, wie sie sein sollte.

Einige Ehemänner sagen: „Ich könnte sie mehr lieben, wenn sie nur liebreich wäre.“ Liebe, die nur dann funktioniert, wenn der andere liebreich ist, ist keine echte Liebe. Gott möchte, daß die Frauen spüren, daß sie von ihren Ehemännern aufrichtig geliebt werden, auch wenn sie nörgeln und störrisch sind (Eph. 5, 25). Und die meisten von uns haben Augenblicke wie diese. Vielleicht sollten sich die Männer immer wieder diese Fragen stellen, insbesondere dann, wenn Unstimmigkeiten herrschen: „Ist meine Frau sich gerade jetzt meiner Liebe bewußt? Fühlt sie sich geliebt, oder verspürt sie Zorn, Feindseligkeit und Ablehnung?“ Gott schuf die Frau so, daß sie ein Verlangen darnach hat, sich allezeit der Liebe ihres Mannes gewiß zu sein. Und das wird weitgehend davon abhängen, wie der Mann ihr begegnet, welcher Ausdruck auf seinem Gesicht liegt und wie seine Stimme klingt, besonders wenn sie launisch und unverträglich ist.

Wir haben Jakobs Liebe auf den ersten Blick gesehen und auch seine Liebe unter großer Belastung. Sehen wir uns nun noch die Liebe unter tiefer Sorge an. Gott erfüllte Rahel noch ihren letzten Wunsch. Sie gebar tatsächlich noch einen Sohn. Sie mußte hart arbeiten, und alle Anzeichen deuteten darauf hin, daß sie im Kindbett sterben würde. Als die „Wehmutter“ sie wissen ließ, daß sie einen Sohn geboren hatte, stieß sie mit dem letzten Atemzug den Namen Ben-Oni aus, was bedeutet „Sohn meiner Trübsal“. Jakob änderte später den Namen in Benjamin, „Sohn meiner rechten Hand“. Wieviel Ironie liegt doch darin! Jahre zuvor hatte sie eines Tages ausgerufen: „Schaffe mir Kinder; wo nicht, so sterbe ich.“ Und sie starb, nachdem sie ihrem zweiten Sohn das Leben geschenkt hatte. Das Kind lebte. Aber Rahel wurde an dem Wege zwischen Bethlehem und Jerusalem begraben. Man kann heute noch ihre Grabstätte aufsuchen, ein bleibendes Mahnmal für das Unglück, das die Unzufriedenheit heraufbeschworen hatte.

Jakob konnte Rahel nie vergessen. Als er 147 Jahre alt war, rief er in Ägypten alle seine Söhne zusammen, um sie zu segnen, und noch immer gedachte er ihrer. „Und da ich aus Mesopotamien kam, starb mir Rahel im Lande Kanaan auf dem Weg, da noch ein Feld Weges war gen Ephrath; und ich begrub sie daselbst an dem Wege Ephraths, das nun Bethlehem heißt“ (1. Mose 48, 7). Er liebte sie bis zum Ende seines Lebens. Aber was hatte es ihr geholfen? Sie konnte sich nie richtig seiner Liebe erfreuen. Jene nagende Unzufriedenheit hinderte sie daran, sich über irgend etwas wirklich zu freuen, und es hinderte andere daran, sich über sie zu freuen. Sie trieb sich selbst in die Isolation einer erbärmlichen Welt der Einsamkeit. Dann starb sie und ließ Jakob ihrer Schwester zurück, die sie so sehr im Leben beneidet hatte. Und selbst im Tod war sie allein. Auf Jakobs Wunsch hin begrub man ihn neben Lea „in der zwiefachen Höhle des Ackers, die Abraham erkauft hatte mit dem Acker zum Erbbegräbnis von Ephron, dem Hethiter, gegenüber Mamre" (1. Mose 49, 29—31; 50, 13). Rahel liegt allein.

Könnte es sein, daß auch in unserem Leben die Einsamkeit oder die Konflikte im Zusammenleben das Ergebnis eines noch unerkannten Geistes der Unzufriedenheit ist? Es wird sich nichts ändern, solange wir der Meinung sind, daß Zufriedenheit in materiellem Besitz oder verbesserten Lebensumständen liegt. Rahel hatte das bewiesen. Wahre Zufriedenheit kann nur in dem Herrn gefunden werden. Er ist der Eine, der die durstige Seele stillt und der die hungrige Seele mit Gutem füllt (Ps. 107, 9). Er hat uns darin unterwiesen, mit dem zufrieden zu sein, was wir haben, denn während die Lebensumstände sich täglich ändern, bleibt er unwandelbar und ist immer bei uns (Hebr. 13, 5).

Wenn wir sein Wort studieren, und wenn wir anhalten am Gebet und in seiner Gegenwart bleiben, wächst unser Wissen über ihn, und wir werden bleibenden Frieden finden, und Zufriedenheit wächst in uns. Dann werden wir imstande sein, dankbaren Herzens das zu empfangen, was er uns gibt, und ihm gleichzeitig dafür danken, was er uns verwehrt, in der Gewißheit, daß seine Wege vollkommen sind. Und wir werden in der Lage sein, zu ändern, was zu ändern ist, und freudig das anzunehmen, was nicht zu ändern ist, weil wir dann gewiß sind, daß es ein Teil seines vollkommenen Planes für uns ist, wodurch er uns zur Vollkommenheit in Christus bringen will.

Wie stehen Sie dazu?

1. Besprechen Sie miteinander den Wert, der in einer langen und gründlichen vorehelichen Bekanntschaft liegt. Wie können Ehepaare, ohne diese Erfahrung gemacht zu haben, hier den Ausgleich schaffen?
2. Was hätte Rahel tun können, um ihre Eifersucht und Unzufriedenheit zu überwinden? Was hätte Jakob tun können, um ihr dabei zu helfen?
3. Welche Dinge in Ihrem Leben bedeuten Ihnen am meisten?
4. Vervollständigen Sie den folgenden Satz so, wie Sie es getan hätten, bevor Sie dieses Kapitel gelesen haben: „Ich könnte glücklich sein, wenn..."
5. Wenn Sie hier verbesserte Lebensumstände oder materiellen Besitz eingesetzt haben, wie sieht Ihre Stellungnahme aus im Hinblick auf eine konsequente Haltung gegenüber den Grundsätzen des Wortes Gottes?
6. Welche Charakterzüge sind Ihnen bei Ihrem Ehepartner am angenehmsten? Welche Charakterzüge machen Ihnen am meisten zu schaffen? Wenn Sie das Gefühl haben, daß sich gewisse Dinge ändern müßten, was sollten Sie tun?
7. Hegen Sie gegenüber einer anderen Person ein Gefühl der Eifersucht? Wie sollten Sie sich verhalten, um Gott wohlgefällig zu leben?"
8. Für Ehemänner: Lassen Sie Ihre Frau beständig Ihre Liebe verspüren? Sie könnten die Antwort finden, indem Sie sie fragen. Wie können Sie ihr auch in „kritischen Augenblicken" Ihre Liebe zeigen?

5

Zwei Menschen reifen heran

Die Geschichte von Boas und Ruth

Es waren mehr als 500 Jahre vergangen, seit man den alten Jakob zum „Erbbegräbnis von Ephron, dem Hethiter, gegenüber Mamre" zur letzten Ruhe gelegt hatte. Es waren ereignisreiche Jahre für Jakobs Nachkommen. Da waren die harten Jahre der Knechtschaft in Ägypten, die ihren Höhepunkt in Gottes gnädiger Befreiung fanden; da waren die 40 Jahre Wanderung durch die Wüste, die mit dem großen Sieg von Kanaan endete; da war die seltsame Folge von Jahren in Sünde, Sklaverei und Erlösung, die uns als die Zeit der Richter bekannt ist. Jenes düstere Zeitalter legte den Grund für die schönste Liebesgeschichte der Bibel, die Geschichte von Boas und Ruth.

„Zu der Zeit, da die Richter regierten, ward eine Teuerung im Lande. Und ein Mann von Bethlehem-Juda zog wallen in der Moabiter Land mit seinem Weibe und seinen zwei Söhnen" (Ruth 1, 1). Dieser Mann, mit Namen Elimelech, starb in Moab und hinterließ dort seine Frau Naemi und seine beiden Söhne Mahlon und Chiljon. Die Jünglinge heirateten moabitische Frauen, aber dann — durch eine tragische Verwicklung des Schicksals, wie es schien — starben auch sie, und Naemi blieb nur mit ihren beiden moabitischen Schwiegertöchtern Ruth und Orpa allein in einem fremden Land zurück. Als sie hörte, daß Gott ihr Volk wieder mit Nahrung gesegnet hatte, beschloß sie, nach Bethlehem zurückzukehren.

Orpa blieb auf Naemis Rat hin in Moab, aber Ruth wollte nichts davon hören. Sie war eine von jenen wenigen Menschen, die tief und selbstlos lieben, und sie liebte ihre Schwiegermutter. Erinnern wir uns an ihre wohlbekannten Worte: „Rede mir nicht ein, daß ich dich verlassen sollte und von dir umkehren. Wo du bist, da will ich auch hingehen; wo du bleibst, da bleibe ich auch. Dein Volk ist mein Volk, und dein Gott ist mein Gott" (Ruth 1, 16). Ihr Gott schickte sich an, sie mit einem wunderbaren Mann zusammenzuführen, mit dem sie vereinigt werden würde.

Das erste, was uns an den beiden auffällt, die Gott in seiner Gnade zusammenführte, ist ihre geistliche Zubereitung. Obwohl Elimelechs Familie nicht im Mittelpunkt von Gottes Willen und auch nicht im göttlichen Segensbereich stand, brachten sie etwas Lohnenswertes zustande. Durch ihr Zeugnis wandte sich diese junge Moabiterin, namens Ruth, davon ab, Kamos, dem Gott der Moabiter, weiter zu dienen und sagte all den verabscheuungswürdigen Praktiken ab, die mit diesem Götzendienst verbunden waren. Sie setzte ihr Vertrauen nur noch auf den einen wahren und lebendigen Gott. „Dein Gott ist mein Gott", erklärte sie mutig. Und es wurde vor allen, die sie kannten, offenbar, daß sie die Freude einer innigen Verbindung mit dem Herrn, dem Gott Israels, kennengelernt hatte. Einige Zeit später konnte Boas zu ihr sagen: „Der Herr vergelte dir deine Tat, und dein Lohn müsse vollkommen sein bei dem Herrn, dem Gott Israels, zu welchem du gekommen bist, daß du unter seinen Flügeln Zuversicht hättest" (Ruth 2, 12). Ihr Vertrauen in Gott und ihre Liebe zu Gott waren die Quelle einer inneren Stärke und Schönheit, die sich nicht verbergen ließen, und einer Liebe für andere, die man nicht unterdrücken konnte.

Überlegen wir, was sie tat. Anstatt über den Verlust ihres Mannes zu grübeln, wandte sie sich ganz den Bedürfnissen ihrer Schwiegermutter zu, um die Lücke in Naemis Leben zu schließen und ihr, so gut sie konnte, zu helfen. Das bedeutete für sie, ihr Zuhause, ihre Familie und ihre Freunde zu verlassen, als geringgeachtete Fremde in ein anderes Land auszuwandern und in Armut und Entbehrung zu leben. Und für was? Liebe und Besorgtheit um ihre Schwiegermutter waren ihre einzigen augenscheinlichen Motive. Boas weist später in der Geschichte darauf hin: „Es ist mir angesagt alles, was du getan hast an deiner Schwiegermutter nach deines Mannes Tod; daß du verlassen hast deinen Vater und deine Mutter und dein Vaterland und bist zu einem Volk gezogen, das du zuvor nicht kanntest" (Ruth 2, 11).

Manch eine Frau, die ihren Mann liebt, kann — so scheint es — seine Mutter nicht lieben. Und Männer scheinen die gleichen Probleme mit den Müttern ihrer Frauen zu haben, wie es durch die Schwiegermutterwitze, die in all den Jahren in Umlauf gebracht wurden, offenkundig wird. Woher kommt die Liebe, wie Ruth sie besaß? Sie kommt von dem Herrn aller Liebe. Wenn Sie etwas davon haben wollen, müssen Sie eine enge, persönliche Verbindung mit ihm pflegen, genauso wie Ruth es tat. Wenn wir Gott richtig kennen und verstehen lernen, wieviel er für uns gab, werden wir darin ermutigt, einen Teil von uns selbst für das Wohl anderer, auch unserer Anverwandten hinzugeben. Und wenn wir dies tun, lösen sich Spannung und Unruhe in Harmonie und Freude auf.

Es ist nie zu früh, diese Lektionen der Liebe zu lernen. Wir können damit anfangen, sie unseren Kindern schon in der ersten Phase ihres jungen Lebens beizubringen. Der Bildungsgrund für die Liebe ist das Zuhause. Eine liebreiche Verbindung mit Eltern und Geschwistern wird sie darauf vorbereiten, ihre Ehepartner und die Schwiegereltern zu lieben, wie es sich geziemt. Einige meiner Leser kommen vielleicht aus einem lieblosen Zuhause, und sie tun sich schwer dabei, die frühen Einflüsse zu überwinden. Sie finden es schwierig, Liebe zu geben oder zu empfangen. Sie sind ein Beweis dafür, wie wichtig es ist, daß Eltern ein vorbildliches Beispiel für echte Liebe geben, daß sie ihre Kinder lehren, hilfreich und gut zu sein und Freundlichkeit und Respekt den anderen zu Hause entgegenzubringen. Kinder werden, wenn sie heranwachsen und heiraten, nicht wissen, wie man liebt, es sei denn, sie haben den liebevollen Umgang untereinander frühzeitig erlebt und gelernt. Aber alles beginnt mit unserem Liebesverhältnis zum Herrn. Wenn wir die Liebe Gottes erfahren haben, wird sie in unserem Familienleben — gegenüber Eltern, Brüdern, Schwestern, Ehemännern, Ehefrauen, Kindern und Schwiegereltern — ihren Ausdruck finden. Ruth ist innerlich reif für eine wunderbare Liebesgeschichte mit Boas, weil sie den Herrn liebgewonnen hat, und diese Liebe ergießt sich auf andere in ihrem Leben.

Nun wollen wir die Bekanntschaft mit dem Mann machen, der wie ein Märchenprinz Ruths Herz eroberte und ihre weitere Zukunft bestimmen sollte. Die Geschichte läßt darauf schließen, daß Boas viel älter war als Ruth (siehe Ruth 3, 10). Wir wissen nicht, ob er ein Junggeselle oder ein Witwer war, aber wir wissen wohl, daß er ein Mann Gottes war. Der Herr war ein wesentlicher Teil in seinem täglichen Leben. Er dachte oft an den Herrn, sprach offen von dem

Herrn, und er räumte dem Herrn einen Teil seiner Alltagsgeschäfte ein. Hören wir, wie er seine Schnitter auf dem Felde begrüßte: „Der Herr mit euch!“ so sprach er sie an. Und sie antworteten: „Der Herr segne dich!“ (Ruth 2, 4). Zu Ruth sprach er: „Gesegnet seist du dem Herrn, meine Tochter“ (Ruth 3, 10). Und weiter heißt es: „So will ich dich nehmen, so wahr der Herr lebt“ (Ruth 3, 13). Alle die Leute, die teil hatten an seiner Hochzeit, legten für die Nachkommenschaft Zeugnis ab von seiner Abhängigkeit zu Gott: „Der Herr mache das Weib, das in dein Haus kommt, wie Rahel und Lea, die beide das Haus Israels gebaut haben; und wachse sehr in Ephratha und werde gepriesen zu Bethlehem“ (Ruth 4, 11).

Die wichtigste Voraussetzung für ein erfolgreiches Eheleben ist die, daß der Mann ein Mann Gottes ist. Einer der Gründe, warum so viele Ehen ins Wanken geraten, ist der, daß die Ehemänner sich geistlich nicht auf ihre Aufgabe vorbereitet haben. Einige der jungen Männer können während der Zeit ihres Freiens an nichts anderes als nur an Sex denken. Und wenn es kein Sex ist, dann ist es vielleicht das Auto oder der Sport. Sie nehmen sich wenig oder gar keine Zeit dafür, das Wort Gottes zu studieren, Stellen auswendig zu lernen und herauszufinden, wie die Nutzanwendung für ihr Leben sein könnte, und dabei versäumen sie es, etwas darüber zu lernen, welches ihre Verantwortungen als christliche Ehemänner und Väter sein werden. Der Herr war noch nie ein Teil ihres täglichen Lebens. Und wenn sie zum Altar gehen, sind sie noch immer geistliche Säuglinge und mangelhaft vorbereitet auf ihre Aufgabe als das geistliche Oberhaupt ihrer Familien. Es überrascht uns nicht, daß ihre Ehen in Not geraten.

Lieber Freund, wenn Sie bis jetzt Ihre Jahre vergeudet haben, dann gilt es ab heute keine Zeit mehr zu verlieren. Fangen Sie an, die persönliche Bekanntschaft mit Jesus Christus zu machen und Ihren Weg mit ihm zu gehen. Planen Sie täglich eine feste Zeit ein, um die Schrift zu studieren und daraus zu lernen, wie Sie nach Gottes Willen Ihr Leben gestalten und Ihre Verantwortung tragen sollen. Fangen Sie an, ihn in alle Fragen Ihres Lebens einzubeziehen. Wenn Sie eine unglückliche Ehe führen, so kann der Schaden wieder gutgemacht werden, aber die Stelle, wo Sie hier ansetzen müssen, ist die Suche nach einer lebendigen, persönlichen Gemeinschaft mit Jesus Christus. Alle unsere Bemühungen sind so lange vergeblich, bis wir unsere Herzen in die rechte Stellung zu ihm gebracht haben und wir in sein Ebenbild hineinwachsen können.

Ruth und Boas waren beide innerlich gerüstet. So wenden wir uns ab von ihrer geistlichen Zubereitung und damit hin zu ihrer Liebeswerbung. Naemi und Ruth waren nun in Bethlehem angekommen, und das größte Problem für sie war, wie sie die notwendige Nahrung bekommen konnten. Gott hatte in seiner Gnade im Mosaischen Gesetz Vorsorge für Leute in Not getroffen. Bauern durften nicht die Ecken ihrer Kornfelder abernten noch die übrig gebliebenen Ähren auflesen; sie mußten sie für die Armen, die Fremden, für die Witwen und Waisen übrig lassen (3. Mose 19, 9 und 10; 23, 22 und 5. Mose 24, 19). Für Naemi und Ruth traf dies beinahe alles zu. Sie waren arme Witwen, und Ruth war eine Fremde. Da Naemi zu alt war, um auf dem Feld zu arbeiten, bot Ruth sich an, dies zu tun; sie wollte sich umsehen, ob sie irgendwo einen freundlichen Mann träfe, der es ihr erlaubte, die Ähren aufzulesen. Naemi willigte ein. „Sie ging hin, kam und las auf, den Schnittern nach, auf dem Felde. Und es begab sich eben, daß dasselbe Feld war des Boas, der von dem Geschlecht Elimelechs war" (Ruth 2, 3).

Die Arbeit war nicht leicht — den ganzen Tag sammelte sie in tief nach unten gebeugter Haltung das Korn in ihren weiten Umhang, und die Last wurde mit jedem Halm, den sie auflas, schwerer und schwerer, und die Sonne brannte ihr in jenem subtropischen Klima auf dem Rücken. Sicher gab es auch einige Einheimische, die sich über ihren ausländischen Akzent lustig machten, und da schien es auch Männer zu geben, die sie gerne angetastet hätten (siehe Ruth 2, 9). Jeder Pulsschlag in ihr drängte sie, hin zu den in Purpur getauchten Bergen von Moab zu fliehen, die sie in der Ferne sehen konnte. Das war ihr Zuhause; dort gehörte sie hin. Aber ruhigen Mutes arbeitete sie schlicht und bescheiden und völlig selbstlos weiter.

Wir erwarten nun zu Recht, daß Boas sie entdeckt. Und er tat es. „Wem gehört diese junge Frau?" fragte er seinen Knecht, dem die Schnitter unterstellt waren. „Es ist die Dirne, die Moabitin, die mit Naemi wiedergekommen ist von der Moabiter Lande" antwortete er (Ruth 2, 5 und 6). Boas verlor nun keine Zeit, Ruth Gutes zu tun. Er lud sie ein, auf seinen Feldern zu sammeln so viel sie wollte und freimütig aus dem Wasserkrug zu trinken, der für seine eigenen Arbeiter bestimmt war.

An keiner Stelle wird gesagt, daß Ruth eine schöne Frau war, so wie Sara, Rebekka oder Rahel. Wir wissen nichts über ihr Aussehen, aber eines wissen wir, daß sie eine innere Schönheit besaß, daß sie in ihrem Geist sanftmütig und von stillem Wesen war, und daß ihr Herz erfüllt war mit unverfälschter Demut; und das alles machte sie zu einer der liebreichsten Frauen der Schrift.

In echter Dankbarkeit verbeugte sie sich tief vor Boas und sprach: „Womit habe ich die Gnade gefunden vor deinen Augen, daß du mich ansiehst, die ich doch fremd bin?“ (Ruth 2, 10). Ihre Demut wurde noch einmal offenbar, als sie sprach: „Laß mich Gnade vor deinen Augen finden, mein Herr; denn du hast mich getröstet und deine Magd freundlich angesprochen, so ich doch nicht bin wie deiner Mägde eine“ (Ruth 2, 13). Da war nichts Gespieltes daran, es war alles echt. Und diese echte Demut, dieser sanftmütige und stille Geist sind eine der wertvollsten Attribute, die eine Frau besitzen kann. Petrus sagt, daß dies in Gottes Augen von großem Wert ist. Es wäre ein guter Charakterzug, wenn christliche Frauen Gott darum bitten würden, daß er ihnen diesen stillen Geist der Demut auch schenken möge.

Es sieht so aus, als habe Boas mit Ablauf des Tages mehr und mehr Interesse an dieser lieblichen Frau gefunden. Er lud sie ein, mit seinen Schnittern das Mittagsmahl einzunehmen, und er war besorgt darum, daß sie auch alles bekam, was sie wünschte. Als sie mit Essen fertig war und zu ihrer Arbeit zurückkehren wollte, sprach Boas zu seinen Knechten: „Laßt sie auch zwischen den Garben lesen und beschämt sie nicht; auch von den Haufen laßt übrigbleiben und laßt liegen, daß sie es auflese, und niemand schelte sie darum“ (Ruth 2, 15 und 16).

So sammelte Ruth weiter bis zum Abend. Und als sie all das, was sie eingesammelt hatte, ausgedroschen hatte, da war es beinahe „ein Epha Gerste“. Es schien, als sei Boas ein freundlicher Mann, wohlbedacht, rücksichtsvoll und von feinem und vornehmem Wesen. Es gibt nicht mehr viele von dieser Art, wenn man das berücksichtigt, was viele Frauen ihren Eheberatern anvertrauen. Einige Männer stehen unter dem seltsamen Eindruck, daß ein freundliches und liebevolles Wesen typisch weiblich ist, und sie weichen diesem aus, damit sie nicht etwa in Verruf geraten. Ganz und gar nicht! Es sind dies Christus-ähnliche Züge. Und Christus war ein rauher, männlicher Mann. Untersuchungen haben ergeben, daß Charaktereigenschaften wie Freundlichkeit und Güte beinahe an erster Stelle stehen in der Vorstellung dessen, was Frauen sich bei einem Mann wünschen. Es wären gute Züge, die sich christliche Ehemänner von Gott erbitten könnten.

Nun, es war an der Zeit, daß etwas geschah. Und so seltsam es erscheinen mag, in jener damaligen Kultur war es Ruth, durch die etwas in Bewegung kam. Wir sehen, Gott gab den Juden ein weiteres interessantes Gesetz, das verlangte, daß ein Mann die kinderlose Witwe seines verstorbenen Bruders heiraten sollte. Der erste Sohn dieser Verbindung hatte den Namen des Bruders zu tragen und war Erbe seines Bruders (5. Mose 25, 5—10; 3. Mose 25, 23—28). Man nannte es das Gesetz der „levirate"-Ehen, abgeleitet von dem hebräischen Wort für „Bruder". Wenn kein Bruder zur Verfügung stand, so konnte auch ein entfernterer Verwandter dazu aufgefordert werden, diese Pflicht zu erfüllen. Aber die Witwe mußte ihn wissen lassen, daß er als ihr „goel" annehmbar wäre, wie sie es nannten, als ihr Erbe, Erlöser und Versorger.

Naemi erklärte Ruth genau, was sie zu tun hatte. Ruth hörte gut zu und handelte nach ihrer Unterweisung. Boas legte sich in jener Nacht auf die Dreschtenne hinter einen Kornhaufen, um seine Gerste vor den Dieben zu schützen. Nachdem er eingeschlafen war, schlich Ruth sich heran, deckte seine Füße auf und legte sich dort schlafen. Durch diesen Akt hatte sie Boas zu verstehen gegeben, er möge ihr „goel" werden. Kein Wunder, daß Boas nicht wenig überrascht war, als er gegen Mitternacht feststellte, daß eine Frau zu seinen Füßen lag. „Wer bist du?" fragte er. Sie antwortete: „Ich bin Ruth, deine Magd. Breite deine Decke über deine Magd; denn du bist der Erbe" (Ruth 3, 9). Wenn er seine Decke über ihr ausbreiten würde, so würde er damit seine Bereitschaft kundtun, daß er ihr Beschützer und Versorger werden wollte. Seine Antwort kam direkt. „Gesegnet seist du dem Herrn, meine Tochter! Du hast deine Liebe hernach besser erzeigt denn zuvor, daß du nicht bist den Jünglingen nachgegangen, weder reich noch arm. Nun, meine Tochter, fürchte dich nicht. Alles, was du sagst, will ich dir tun; denn die ganze Stadt meines Volkes weiß, daß du ein tugendsames Weib bist" (Ruth 3, 10 und 11).

Wir müssen uns klarmachen, daß nichts Unmoralisches an diesem Geschehen war. Es entsprach dem Brauch der damaligen Zeit, und der Bericht betont die Reinheit der Handlung. In der abgeschiedenen Dunkelheit der Dreschtenne hätte Boas seine menschlichen Wünsche befriedigen können, und niemand außer Ruth hätte davon etwas erfahren. Aber er war ein gottesfürchtiger, moralischer und disziplinierter Mann, der Herr seiner Sinne war. Die Schrift sagt, daß Ruth bis zum Morgen an seinem Fußende schlief (Ruth 3, 14). Außerdem genoß Ruth das Ansehen, daß sie ein tugendsames Weib war (Ruth 3, 11). Sie besaß natürlich körperliche Gefühle, so wie jede andere Frau auch, aber sie hatte gelernt, Gottes Gnade und Kraft in Anspruch zu nehmen, auch im Blick auf ihr Gefühlsleben. Boas und Ruth wußten beide, daß Gott ihnen in ihrer Ehe die Fülle seines Segens schenken würde, wenn sie sich bis dahin rein hielten. Unbekümmertheit in diesem Bereich würde Schuld mit sich bringen sowie den Verlust an Selbstachtung und auch Argwohn. Und es würde Narben in ihrer Seele zurücklassen, was die gegenseitige Anpassung in ihrem Eheleben gewiß erschwerte.

Diese Art von Glückserlebnis ist flüchtig. Satan hat der menschlichen Gesellschaft den Kopf verdreht, indem er ihr weismacht, daß voreheliche Beziehungen vollkommen in Ordnung sind. Die meisten jungen Menschen haben ihre diesbezügliche Erfahrung bereits hinter sich, und man findet heute nur noch selten Verlobte, die sich darin enthalten. „Aber wir lieben uns doch", protestieren sie. Nein, das ist keine Liebe. Sie lieben nur sich selbst. Sie lieben es, ihre körperlichen Gefühle zu befriedigen. Wenn sie sich gegenseitig liebten, würden sie sich nicht der Gefahr aussetzen, Gott ungehorsam zu sein; denn er sagt von sich, daß er der Rächer über alles ist (1. Thess. 4, 6). Gott ist kein Richter niederer Gesinnung, der uns die Freude nicht gönnt. Er weiß aber, daß voreheliche Reinheit für uns und unsere Ehen das Beste ist. Unsere Gesellschaft bezahlt den Preis für die Verwilderung in den Ehen, für die beispiellose eheliche Verwirrung und die zahllosen zerbrochenen Ehen mit all ihren emotionalen, traumatischen Problemen, die dadurch verursacht werden. Gottes Weg ist immer der beste!

Boas und Ruth folgten Gottes Weg. Wir sind nicht überrascht, schließlich ihre erfolgreiche Ehe zu sehen. Sehr viel wird uns nicht berichtet über ihre Beziehung zueinander nach der Hochzeit, aber wir können aus dem, was wir bereits von ihnen erfahren haben, annehmen, daß ihre Ehe von Gott reich gesegnet war. Die Schrift sagt uns: „Also nahm Boas die Ruth, daß sie sein Weib ward. Und da er zu ihr einging, gab ihr der Herr, daß sie schwanger ward und gebar einen Sohn" (Ruth 4, 13).

Was uns an dieser Geschichte ganz besonders auffällt, ist die fortwährende Rolle, die Naemi von diesem Augenblick an in ihrem Leben spielt. Als die frühere Schwiegermutter würden wir erwarten, daß sie nun aus dem Blickfeld verschwindet, aber Boas und Ruth sind so liebevoll und fürsorglich, daß dies nicht geschehen kann. Als ihr Kind geboren wurde, sprachen die Frauen von Bethlehem zu Naemi: „Gelobt sei der Herr, der dir nicht hat lassen abgehen einen

Erben zu dieser Zeit, daß sein Name in Israel bliebe. Der wird dich erquicken und dein Alter versorgen. Denn deine Schwiegertochter, die dich geliebt hat, hat ihn geboren, welche dir besser ist als sieben Söhne" (Ruth 4, 14 und 15). Dann nahm Naemi das Kind und versorgte es, und die Nachbarsfrauen sprachen: „Naemi ist ein Kind geboren" (Ruth 4, 17). Man stelle sich vor! Sie betrachteten das Kind alle als Naemis eigenes, und Boas und Ruth waren glücklich darüber und ließen sie gewähren. Boas sorgte weiter für Naemi bis zu ihrem Tod, und er scheint es mit Freude getan zu haben. Und Ruths Liebe, die sie für Naemi empfand, nahm nicht ab. Die Frauen nannten Ruth „deine Schwiegertochter, die dich geliebt hat, welche dir besser ist als sieben Söhne".

Nun, da Ruth ihren Mann hatte, hätte sie ihre Schwiegermutter als lästigen Eindringling von sich weisen können. Aber wenn ein Mensch mit der Liebe Gottes erfüllt ist, ist sein Herz weit genug, seine Liebe an mehr als nur einen einzigen Menschen oder nur an einige wenige zu verschwenden. Selbstlos und mitfühlsam wird er sich darnach ausstrecken, den Bedürfnissen anderer zu begegnen. Wir sind überrascht bei unserer Beobachtung, wie Gottes Liebe in Ruths Leben alle Hindernisse überwand — Armut, rassistische Vorurteile, Altersunterschied, körperliche Versuchungen, und sogar Schwiegermutter-Differenzen. Bei Gott sind alle Möglichkeiten, die Probleme auch in unserem Leben zu lösen. Sobald wir seine bedingungslose Liebe zu uns begriffen und erfaßt haben, so daß sie uns durchströmen kann, denken wir immer weniger an uns selbst, sondern in zunehmendem Maße an die andern. Und die problemlösende Kraft dieser selbstlosen und hingebungsvollen Liebe ist überwältigend.

Wie stehen Sie dazu?

1. Sprechen Sie über Ihren familiären Hintergrund und über die Liebe, die man in Ihrem Zuhause geübt hat, während Sie heranwuchsen.
2. Machen Sie Ihr Zuhause zu einer Lehrstätte für die Liebe? Was können Sie tun, um Ihren Kindern beizubringen, wie man in Liebe miteinander lebt?
3. Welche geistliche Voraussetzung brachten Sie mit in Ihre Ehe? Was können Sie jetzt tun, um diesen Bereich Ihrer Ehe mit neuem Leben zu erfüllen?
4. Für Ehefrauen: Haben Sie das Gefühl, daß Sie einen sanftmütigen und stillen Geist besitzen? Was können Sie tun, um ihn zu pflegen?
5. Für Ehemänner: Sind Sie freundlich und liebevoll zu Ihrer Frau? Wie können Sie sich diese Charakterzüge noch mehr zu eigen machen?
6. Wie kann die Liebe Gottes Ihnen helfen, die Probleme Ihres Lebens zu lösen? Auf welche Weise kann diese Liebe Ihnen helfen, den Herausforderungen des Lebens mit einem gütigen Geist zu begegnen?
7. Wie würden Sie Ihre Haltung gegenüber Ihren Schwiegereltern beschreiben? Wie könnten Sie sich noch selbstloser dafür einsetzen, daß Ihre Beziehung zu ihnen besser wird?

6

Gefangen in den Netzen des Versuchers

Die Geschichte von David und Bathseba

Wenn die Bibel ein weltliches Buch wäre, zur Verherrlichung des Menschen geschrieben, so hätte man die Geschichte, die wir gleich untersuchen werden, entweder beschönigend veröffentlicht oder sie wäre vollständig weggelassen worden. Aber die Bibel ist ein göttliches Buch, zur Verherrlichung Gottes geschrieben, und so überraschend es für einige sein mag, diese Geschichte erhebt den Herrn. Deshalb können wir sie bei unserer Betrachtung über eheliche Verbindungen der Bibel nicht übergehen.

Die Geschichte betrifft David, den größten Helden in der hebräischen Geschichtsschreibung und — durch Gottes Zeugnis — ein Mann nach dem Herzen Gottes (1. Sam. 13, 14; Apg. 13, 22). Aber Menschen haben Schwachheiten, sogar Menschen nach dem Herzen Gottes. Und Gott schämt sich nicht, uns die Schwachheiten seiner größten Heiligen mitzuteilen. Wir lernen einige unerläßliche Lektionen aus ihren Fehlern, wie beispielsweise die äußerste Verderbtheit unserer Herzen, die schrecklichen Folgen unserer Sünde und die unergründliche Tiefe von Gottes vergebender Gnade. So wollen wir von David lernen.

David gewann zum ersten Mal nationale Berühmtheit, als er noch im Jünglingsalter war. Wenn ein halbwüchsiger Junge einen Riesen von Mann tötet, vor dem sich jeder brave israelitische Krieger aus Furcht verbirgt, werden die Leute hellhörig. Überall in Israel sangen die Frauen Loblieder auf den Sieger: „Saul hat Tausend geschlagen, aber David Zehntausend" (1. Sam. 18, 7). Außerdem weist die Bibel darauf hin, daß er äußerst gut aussah, daß er ein außergewöhnlicher Athlet war, ein Musiker von hohem Rang und ein brillanter Dichter. Und das Wort ging um, daß er der nächste König von Israel würde (1. Sam. 16, 13). Spricht man bei Teenagern über ihre Fans, könnte ich mir vorstellen, daß jedes Mädchen in Israel sich um David gerissen hätte. Tatsächlich sagt die Schrift: „Aber ganz Israel und Juda hatte David lieb" (1. Sam. 18, 16).

Und wer hätte bei ihm landen können, wenn nicht Michal, die Tochter des Saul. Sie war ihm immer auf der Spur. Schließlich war sie die Tochter des Königs, und David verbrachte viel Zeit in der Nähe des Palastes. Und zudem hatte Michal es bekannt werden lassen, daß sie in David verliebt war (1. Sam. 18, 20). Aber die Schrift deutet an, daß David sie mehr aus Übermut als aus echter Liebe heiratete. Bei einer Gelegenheit half Michal, nachdem sie verheiratet waren, David zur Flucht vor den Wutausbrüchen ihres Vaters (1. Sam. 19, 11—17). Unter solch traurigen Umständen konnte sie offensichtlich nicht mehr länger bei ihm bleiben, so benutzte Saul die Situation und gab sie einem anderen Mann (1. Sam. 25, 44). Davids Jugendehe endete im Mißerfolg. Es gibt zu viele solcher Ehen. Das Risiko einer zu frühen Ehe, das heißt, noch bevor man erwachsen ist und somit die Verantwortungen im Leben noch nicht zu tragen vermag, ist zu groß. Es schadet gar nicht, wenn man wartet, bis man herangereift ist.

Es war zu der Zeit, als David auf der Flucht vor Saul war, daß er eine wunderbare Frau, namens Abigail, traf. Die Bibel sagt: „Und war ein Weib guter Vernunft und schön von Angesicht" (1. Sam. 25, 3). Ihre Weisheit und ihre Reife, ihre Schönheit und ihr hinreißender Charme entwaffneten David völlig, und als Gott ihren unwissenden und tölpelhaften Mann mit Namen Nabal hinwegnahm, verlor David keine Zeit, ihr die Ehe vorzuschlagen (1. Sam. 25, 39). Es war eine gute Wahl. Und nun, da Michal ohne seine Schuld eines anderen Mannes Frau geworden war, könnten viele den Eindruck haben, daß dies vor dem Herrn annehmbar gewesen wäre.

Aber das nächste Ereignis, über das wir in der Schrift lesen, war eindeutig nicht annehmbar. „Auch hatte David Ahinoam von Jesreel genommen; und waren beide seine Weiber" (1. Sam. 25, 43). David wußte, daß Gott ihn erwählt hatte, der nächste König über Israel zu werden, und er wußte auch, was Gott über die Könige Israels gesagt hatte. Noch bevor das Volk das gelobte Land betreten hatte, warnte Gott sie und sagte, daß sie sich eines Tages einen König wünschen werden wie die Völker rings herum. Er würde ihnen erlauben, einen ihrer Landsmänner zu ernennen, den er auswählen würde, aber dieser hätte sich davor zu hüten, „viele Weiber zu nehmen, daß sein Herz nicht abgewandt werde" (5. Mose 17, 14—17). Doch wir erfahren sehr bald aus dem biblischen Bericht, daß David vier weitere Frauen nahm: Maacha, Haggith, Abital und Egla (2. Sam. 3, 2—5). Und wir sind überrascht, wenn wir kurz darauf lesen: „Und David nahm noch mehr Weiber und Kebsweiber zu Jerusalem" (2. Sam. 5, 13). Nicht, daß Davids körperliche Begierde abartig gewesen wäre; es traf sich eben nur, daß die meisten anderen orientalischen Könige ihren Harem hatten, um ihren Reichtum und ihre Macht zur Schau zu tragen, und David ließ die Philosophie der Welt den geoffenbarten Willen Gottes verdrängen. Aber es bestätigt uns auch, daß David sehr, sehr menschlich war, und es malt uns einen seiner schwächsten Punkte vor Augen.

David war nun so um die Vierzig, das verwundbare Alter, wie man sagt. Er hatte einige hervorragenden Siege errungen, er hatte die Grenzen Israels ausgedehnt und sein Volk gegen die anderen Nachbarvölker abgesichert. Er war sich nun eine Ruhepause schuldig, so dachte er jedenfalls — und hier beginnt unsere eigentliche Geschichte. Betrachten wir zunächst die Lust der Sünde, wie hohl und leer sie ist. „Und da das Jahr um war, zur Zeit, wann die Könige pflegen auszuziehen, sandte David Joab und seine Knechte mit ihm und das ganze Israel, daß sie die Kinder Ammon verderbten und Rabba belagerten. David aber blieb zu Jerusalem" (2. Sam. 11, 1).

Könige zogen im Frühling in die Schlacht, weil die Wintermonate die Truppenbewegungen behinderten. Dieser Ammoniter-Feldzug war eine Säuberungsaktion. Israel hatte bereits die Syrer geschlagen, die die Ammoniter gegen Israel aufgehetzt hatten. Deshalb nahm sich David vor, nun mit den Ammonitern abzurechnen. Während aber sein eigentlicher Platz an der Spitze seiner Männer auf dem Schlachtfeld gewesen wäre, entzog er sich seiner Pflicht, indem er zu Hause blieb und sich so das „Frühlingsfieber" seiner bemächtigen konnte. Schließlich war er der König und konnte tun, was ihm gefiel.

Die Flucht aus der Verantwortung ist oftmals der erste Schritt zum geistlichen Abfall. Ich verspüre insbesondere unter jungen Leuten ein wachsendes Empfinden, daß der Mensch so ungefähr alles tun kann, was er will, und daß er nichts tun muß, was er nicht will.

Dies bedeutet mit anderen Worten, daß jeder nach seinem eigenen Willen leben kann. Selbstverständlich können wir tun, was uns gefällt, aber nicht ohne dafür im geistlichen Bereich den Preis bezahlen zu müssen. Gott hat einen Plan für unser Leben. Er trägt uns gewisse Verantwortungen auf, und wenn wir sie mit Entschuldigungen oder Vernunftsgründen abtun, öffnen wir einer „Pandorabox" angesammelter Versuchungen Tür und Tor, die unseren Willen so schwächen, daß wir nicht mehr Gott gehorsam sein können.

An diesem Punkt scheint David angelangt zu sein, als diese Szene seines Lebens beginnt. „Und es begab sich, daß David um den Abend aufstand von seinem Lager und ging auf dem Dach des Königshauses und sah vom Dach ein Weib sich waschen; und das Weib war sehr schöner Gestalt" (2. Sam. 11, 2). Ein anschauliches Bild! Es war Abend, und David war gerade von seinem Lager aufgestanden. Wenn wir bis dahin irgendeinen Zweifel darüber gehabt haben, warum er zu Hause blieb, so ist er nunmehr gänzlich ausgeräumt. Es waren nicht die königlichen Geschäfte. David ließ sich betören! „Und sah vom Dach ein Weib sich waschen; und das Weib war sehr schöner Gestalt" (2. Sam. 11, 2). Wenn er seinen Verstand gebraucht hätte, so wäre er schnellstens vom Dach des Königshauses wieder heruntergestiegen. Aber er verweilte dort und ließ seine Augen wie gebannt in Fleischeslust auf Bathseba ruhen, bis er an nichts anderes mehr denken konnte, als daß er sie ganz besitzen mußte.

In der Versuchung stehen ist noch keine Sünde. Aber dabei stehen bleiben, mit ihr spielen und flirten — das ist unentschuldbar, wie wir schon im Falle Eva gesehen haben. Wir können uns selbst in einem solchen Maße dabei Schaden zufügen, daß wir der Sünde gar nicht mehr widerstehen wollen. Als einzige Frage bleibt das Verlangen, wie man am schnellsten zum Ziel kommt. Gott sagt uns, daß wir der Versuchung fliehen sollen (2. Tim. 2, 22). Und er will uns dabei helfen, wenn wir gehorsam sind. Aber wenn wir die Zeit versäumen und mit der Versuchung liebäugeln, laufen wir in unser Verderben. Wenn ein Mann sich beispielsweise von einer Frau angezogen fühlt und einer von beiden verheiratet ist, muß er bestrebt sein, sich so schnell wie möglich aus dieser Situation zurückzuziehen. Je länger er die Beziehung pflegt, um so schwerer wird es sein, sie zu brechen, bis er sich schließlich so törichte Dinge wie diese sagen hört: „. . . aber ich kann einfach nicht mehr ohne sie leben." Und noch bevor er es recht bedacht hat, gleichen sein Leben und seine Familie bereits einem Schlachtfeld.

Bathseba ist auch nicht ohne Schuld. Sie hatte vielleicht nicht die feste Absicht, David zu verführen, aber sie war unzüchtig und indiskret. Sich in einem nach allen Seiten offenen Innenhof zu entkleiden und zu baden und so die Blicke der Nachbarschaft auf sich zu ziehen, beschwor geradezu unangenehme Situationen herauf. Sie hätte ebensogut im Hause baden können. Auch in unserer Zeit gibt es Frauen, die scheinbar nicht erkennen, was der Anblick spärlich bekleideter Körperteile bei einem Mann anrichten kann. Sie lassen sich von jedem letzten Modeschrei verführen, sie tragen „offenherzige" Kleider oder fast gar nichts mehr; dann wundern sie sich, warum die Männer, die ihnen begegnen, nur noch an Sex denken können. Wir dürfen es nicht versäumen, die jungen Mädchen in diesen Dingen zu unterweisen, insbesondere dann, wenn sie ins Entwicklungsalter kommen. Christliche Eltern sollten ihre Töchter aufklären über die Natur des Mannes und die Bedeutung von Bescheidenheit und Zucht. Auch sollte man sich über die Art der Kleidung einig werden.

David fand schnell heraus, wer die schöne Badende war, sandte einen Boten zu ihr, und der Gedanke wurde zur Tat. Es gibt keinerlei Grund zu der Annahme, daß dies eine gewaltsame Entführung gewesen sein könnte. Bathseba schien eine willige Partnerin gewesen zu sein. Ihr Mann war fort im Krieg, und sie fühlte sich einsam. Der Zauber, von dem attraktiven König begehrt zu sein, bedeutete ihr mehr als ihr Versprechen, das sie ihrem Mann gegeben hatte, und ihre Hingabe an Gott. Der Sündenfall wird beiden kaum bewußt gewesen sein. Wahrscheinlich haben sie sich auch gegenseitig darin bestärkt, daß es eine zärtliche und wunderbare Erfahrung war. Die meisten tun das! Aber in Gottes Augen war es abscheulich und widerwärtig.

Das Unvermeindliche geschah, und Bathseba sandte Nachricht an David, daß sie schwanger sei. Dies war in der damaligen Zeit ein Vergehen, das nach dem Gesetz Mose mit dem Tod durch Steinigen bestraft wurde (siehe 3. Mose 20, 10). Kein Vergehen hatte David bis dahin erschüttern können, und sicher war, daß er sich auch hierdurch sein Leben nicht zerstören lassen wollte. Sein Plan war, Bathsebas Mann für ein paar Tage vom Schlachtfeld nach Hause zu beordern; dann würde niemand jemals wissen, wessen Kind sie unter ihrem Herzen trug. Aber Uria liebte sein Vaterland zu sehr, als daß er sich ein paar schöne Tage mit seiner Frau gemacht hätte, während andere Landsleute ihr Leben auf dem Schlachtfeld einsetzten. So legte er sich mit den Knechten des Königs vor der Tür des Königshauses schlafen. Deshalb mußte David einen anderen Plan in Gang setzen. Gelassen schrieb er Urias Todesurteil, versiegelte das Schreiben und sandte es an seinen Feldherrn Joab an die Front, ausgehändigt durch Urias eigene Hand. Darin wurde Joab der Befehl erteilt, Uria an die vorderste Front zu stellen, dort, wo der Kampf am heftigsten tobte, und sich dann von ihm zurückzuziehen. So fügte David seinem Ehebruch noch einen Mord hinzu. Nach einer kurzen Zeit der Trauer ging Bathseba in Davids Haus und wurde seine Frau, und die beiden Liebenden waren am Ziel ihrer Begierden. Doch Gott wußte alles: „Aber die Tat gefiel dem Herrn übel, die David tat" (2. Sam. 11, 27).

Das führt uns zu einem anderen Gesichtspunkt: die schwere Hand der Züchtigung. David wußte, daß er gesündigt hatte. Aber er versuchte so weiterzuleben, als wäre nichts geschehen. Wenn sein Gewissen ihn allzusehr anklagen wollte, konnte er immer Vernunftsgründe anbringen, indem er sich etwa sagte: „Ich bin der König, ich kann tun, was mir gefällt. Letztlich war es nicht meine, sondern Bathsebas Schuld. Und übrigens, wem füge ich damit Schaden zu? Viele müssen in der Schlacht sterben, warum nicht auch Uria?" Die Möglichkeiten, unsere Sünde zu entschuldigen, scheinen endlos. Aber innerlich wurde er nicht ruhig. Er spürte in sich eine Leere, die er nicht beschreiben konnte, begleitet von Zeiten schwerer Depression.

Später dichtete David drei Psalmen, in denen er die Zeit jener Monate fern von Gott beschrieb: Psalm 32, 38 und 51. Hören wir auf sein wehklagendes Schreien: „Ich gehe krumm und sehr gebückt; den ganzen Tag gehe ich traurig . . . Es ist mit mir gar anders denn zuvor, ich bin sehr zerstoßen. Ich heule vor Unruhe meines Herzens" (Ps. 38, 7 und 9). David liebte seinen Herrn und versuchte, ihn anzubeten, aber er stand wie vor einer Mauer; es war die Mauer seiner eigenen Sünde. Gott schien weit weg. „Verlaß mich nicht, Herr! Mein Gott, sei nicht ferne von mir!" (Ps. 38, 22). Seine Freunde spürten seine Reizbarkeit und mieden ihn. „Meine Lieben und Freunde treten zurück und scheuen meine Plage, und meine Nächsten stehen ferne" (Ps. 38, 12). David lebte so fast ein Jahr dahin. Er hatte seine geliebte Bathseba, aber seine Seele hatte keine Ruhe.

Dann sandte Gott eines Tages den Propheten Nathan zu David, der ihm eine sehr bewegende Geschichte erzählte. „Es waren zwei Männer in einer Stadt, einer reich, der andere arm. Der Reiche hatte sehr viele Schafe und Rinder; aber der Arme hatte nichts denn ein einziges kleines Schäflein, das er gekauft hatte. Und er nährte es, daß es groß ward bei ihm und bei seinen Kindern zugleich: es aß von seinem Bissen und trank von seinem Becher und schlief in seinem Schoß, und er hielt es wie eine Tochter. Da aber zu dem reichen Mann ein Gast kam, schonte er zu nehmen von seinen Schafen und Rindern, daß er dem Gast etwas zurichtete, der zu ihm gekommen war, und nahm das Schaf des armen Mannes und richtete es zu dem Mann, der zu ihm gekommen war" (2. Sam. 12, 1—4). Als David die Geschichte hörte, geriet er in Zorn über die selbstsüchtige Gefühlslosigkeit des reichen Mannes und bestand darauf, daß dieser des Todes schuldig sei.

Eigene Schuld wirkt sich oft so aus. Meistens schlagen wir bei den Sünden anderer äußerst heftig zu, wenn wir selbst die größte Schuld zu verbergen haben. Unser im Unterbewußtsein quälender Zorn mit uns selbst bricht gegen unseren Nächsten aus.

Unter Furcht und Zittern geschah es, daß Nathan seine nächsten Worte über die Lippen brachte. Es konnte seinen Kopf kosten, aber durch seine Berufung als Prophet Gottes war er verpflichtet, die Botschaft von Gott dem König, der dem Irrtum verfallen war, zu übermitteln. So wandte er sich gegen David und sagte: „Du bist der Mann!" Dann ließ er David Gottes persönliche Botschaft wissen: „So spricht der Herr, der Gott Israels: Ich habe dich zum König gesalbt über Israel und habe dich errettet aus der Hand Sauls, und habe dir deines Herrn Haus gegeben, dazu seine Weiber in deinen Schoß, und habe dir das Haus Israel und Juda gegeben; und ist das zu wenig, will ich noch dies und das dazutun. Warum hast du denn das Wort des Herrn verachtet, daß du solches Übel vor seinen Augen tatest? Uria, den Hethiter, hast du erschlagen mit dem Schwert; sein Weib hast du dir zum Weib genommen; ihn aber hast du erwürgt mit dem Schwert der Kinder Ammon" (2. Sam. 12, 7—9). David war zutiefst betroffen.

Sünde hat Unglück zur Folge, und Gott hält es nicht immer für gut, die Folgen des Unglücks auszulöschen. Er weiß, daß wir die Auswirkungen unserer Sünde durchleben müssen, damit wir ein besseres Empfinden für seinen Willen bekommen. Die Folgen von Davids Sünde sollten weitreichend und von langer Dauer sein. Zunächst einmal wird das Schwert nie von seinem Hause weggenommen (2. Sam. 12, 10). Die Leute im Königspalast wußten, was geschehen war. Sie konnten die Monate zählen und stellten fest, daß Uria nicht zu Hause war, als das Kind empfangen wurde. Es mußte also Davids Kind sein. Auch Urias Tod stand zu sehr in einem gewissen Zusammenhang. Davids Sohn Absalom wußte es. Und als er später seinen Stiefbruder Amnon tötete, weil er sich an seiner Schwester vergangen hatte (2. Sam. 13, 28), rechtfertigte er sein Handeln vermutlich damit, daß er sich sagte: „Vater hat es auch getan, warum sollte ich nicht...?" Der Feldhauptmann Joab wußte es. Er war es, der Davids unheilvollen Befehl bezüglich Uria ausgeführt hatte. Und er benutzte dies vermutlich zu seiner eigenen Entschuldigung, als er Absalom tötete (2. Sam. 18, 14) und später Absaloms Hauptmann Amasa (2. Sam. 20, 9 und 10). Das Schwert wich nicht vom Hause Davids. Unsere Sünden wirken sich immer am meisten auf unsere allernächsten Mitmenschen aus.

Dann hatte Davids Sünde zur Folge, daß der Herr Unheil aus seinem eigenen Hause über ihn brachte (2. Sam. 12, 11). Lesen Sie die Geschichte von Davids Leben und überzeugen Sie sich selbst von der Erfüllung der Gerichtsankündigung: Amnons Schändung der Tamar, Absaloms Mord an Amnon, Absaloms Auflehnung gegen David, Adonias Versuch, den Thron an sich zu reißen, als David alt war. Da war wahrlich schweres Unglück in Davids Haus.

Dann sollten Davids Frauen ihm vor seinen Augen weggenommen und einem andern gegeben werden, der „an der lichten Sonne" mit ihnen schlafen würde (2. Sam. 12, 11). David nahm heimlich die Frau eines anderen Mannes; nun sollten ihm seine eigenen Frauen öffentlich genommen werden.

Während Absalom in der Rebellion gegen David lebte, machten seine Freunde ihm auf dem Dach des Palastes eine Hütte, und Absalom „ging hinein zu den Kebsweibern seines Vaters vor den Augen des ganzen Israel". Schreckliche Erfüllung!

Schließlich mußte das Kind, das durch Davids unrechtmäßige Verbindung mit Bathseba geboren wurde, sterben (2. Sam. 12, 14). Es hätte den Feinden Gottes Grund zur Gotteslästerung gegeben, deshalb nahm Gott es fort. Wir empfinden Trauer mit David um den Verlust seines Sohnes, aber wir sind dankbar für die göttliche Zusicherung, daß Gott die Kinder zu sich zurückholt, wenn sie sterben. David sagt, er werde einstmals bei seinem Kind sein, und bezeugt uns, daß Kinder in die Herrlichkeit Gottes eingehen (2. Sam. 12, 23).

Haben wir recht erkannt, warum Gott das Kind wieder zu sich nahm? Das muß noch einmal nachdrücklich hervorgehoben werden. Es geschah, weil David „durch diese Geschichte die Feinde des Herrn lästern gemacht hatte". Nun verstehen wir, warum es so wichtig ist, göttliche Disziplin zu wahren. Sie ist dem Menschen verordnet, damit die Feinde Gottes erfahren, daß Gott allmächtig, heilig und gerecht ist, daß er selbst seine Kinder wegen ihrer Sünden straft. Würde er diesbezüglich ,,ein Auge zudrücken" und etwa nach dem Motto handeln: ,,Laßt doch der Jugend ihren Lauf", würde er bald zum Gespött der ungläubigen Welt. David mußte die Folgen seiner Sünde auf sich nehmen, und wir müssen es auch. Diese Last kann schwer sein. Deshalb müssen wir uns rechtzeitig besinnen, bevor wir uns in die Irre führen lassen.

Das bringt uns schließlich zu der glückseligen Gewißheit der Vergebung. Nathans eindringliche Offenlegung von Davids Sünde und sein mächtiges Zeugnis von Gottes Gerechtigkeit zwingt David auf seine Knie, und er bekennt seine Sünde: ,,Ich habe gesündigt wider den Herrn", hörte man ihn wehklagen (2. Sam. 12, 13). Das waren die Worte, die Gott hören wollte. Davids Geist war zerbrochen; sein Herz war reumütig (siehe Ps. 51, 17). Und das Ergebnis war, er hörte die lieblichsten und schönsten Worte, die ein Mensch hören kann. Sie sind voller Zuversicht und Hoffnung: ,,So hat auch der Herr deine Sünde weggenommen" (2. Sam. 12, 13). David brachte es später in den Psalmen so zum Ausdruck: ,,Darum bekannte ich dir meine Sünde und verhehlte meine Missetat nicht. Ich sprach: Ich will dem Herrn meine Übertretungen bekennen. Da vergabst du mir die Missetat meiner Sünde" (Ps. 32, 5).

Die Schrift sagt uns nichts darüber, aber ich bin sicher, daß auch Bathseba ihre Sünde bekannte und daß Gott beiden vergeben hat. Obwohl sie die Folgen der Sünde nicht abwenden konnten, schenkte Gott es ihnen, daß sie in der völligen Gewißheit seiner vergebenden Gnade leben konnten. Es war ein großer dunkler Fleck in Davids Leben, der einzige eigentliche Fleck (siehe 1. Kön. 15, 5). Aber weder er noch Bathseba ließen sich dadurch ihr weiteres Leben ruinieren. Gott vergab ihnen, sie vergaben sich gegenseitig. Ihr Leben wurde gesegnet, denn sie gaben dem Herrn alle Ehre. Genau das erwartet Gott auch von uns. Er möchte nicht, daß wir uns mit der Schuld unserer Sünde abquälen. Er möchte, daß wir sie bekennen, von ihr ablassen und sie uns von ihm vergeben lassen.

Bathseba scheint den höchsten Rang unter Davids Frauen eingenommen zu haben. Es wird uns nichts darüber berichtet, daß er nach ihr noch eine andere Frau gehabt hat. Als ein Beweis von Gottes Vergebung wurde ihnen noch ein Sohn geboren, den sie Salomon nannten, was soviel wie ,,Frieden" bedeutet. Der Prophet nannte ihn

Jedidja, das bedeutet: „Geliebter des Herrn". Und Gott gab David die Zusicherung, daß Salomo, Sohn der Bathseba, an seiner Statt regieren und Gott den Tempel bauen sollte (1. Chron. 22, 9 und 10). Als ein weiterer Erweis von Gottes Gnade wurde Bathseba als eine der vier Frauen auserwählt, auf die in dem Stammbaum unseres Herrn Jesus Christus Bezug genommen wird (Matth. 1, 6).

Ein Liederdichter hat es so in Worte gefaßt: „Wo ist ein solch vergebender Gott wie du, und wo ist so viel Gnade, so völlig und frei?" Dieser große Gott der Gnade steht neben Ihnen und wartet, daß er Ihnen vergeben kann. Hören wir, was der Prophet Jesaja sagt: „Suchet den Herrn, solange er zu finden ist; rufet ihn an, solange er nahe ist. Der Gottlose lasse von seinem Wege und der Übeltäter seine Gedanken und bekehre sich zum Herrn, so wird er sich sein erbarmen, und zu unserm Gott, denn bei ihm ist viel Vergebung" (Jes. 55, 6 und 7). Und was sagt der Apostel Johannes? „So wir aber unsere Sünden bekennen, so ist er treu und gerecht, daß er uns die Sünden vergibt und reinigt uns von aller Untugend" (1. Joh. 1, 9). Es spielt keine Rolle, wie bedrückend Ihre Sünde auch gewesen sein mag. Gott ist bereit, sie auszulöschen. Bekennen Sie ihm Ihre Schuld und nehmen Sie seine gnadenvolle Vergebung an.

Wie stehen Sie dazu?

1. Warum wird nach Ihrer Meinung David trotz seiner schrecklichen Sünde ein Mann nach dem Herzen Gottes genannt?
2. Gibt es in Ihrem Leben Verantwortungen, die Sie nicht übernehmen wollen, und gefährden Sie damit Ihr geistliches Wachstum für die Zukunft?
3. Wie können Sie sich gegenseitig helfen, Versuchungen auf dem sexuellen Gebiet aus dem Wege zu gehen?
4. Für Ehefrauen: Entspricht Ihre Kleidung Gottes Maßstäben oder gehen Sie einfach mit der Mode und tragen das, was die Welt Ihnen diktiert?
5. Was bedeutet Bescheidenheit? Wie können Sie sie in Ihrem Leben praktizieren? Als Eltern: Wie können Sie Ihren Töchtern die rechte Art, sich zu kleiden, beibringen?
6. Können Sie sich an Zeiten erinnern, in denen Sie wegen der Last Ihrer eigenen Schuld miteinander in Unfrieden lebten? Bekennen Sie einer dem andern solche Gelegenheiten.
7. Haben Sie sich beim Lesen dieses Kapitels an einige Sünden aus Ihrer Vergangenheit erinnert, die Sie bis dahin immer wieder zu unterdrücken versucht haben? Wollen Sie diese nicht jetzt, in diesem Augenblick, vor Gott bekennen und seine Vergebung in Anspruch nehmen, so wie er sie uns in 1. Johannes 1, 9 verheißen hat? Er will sie dann ein für allemal aus Ihren Gedanken austilgen.

7

Mein Wille

Die Geschichte von Ahab und Isebel

König David hatte bereits 135 Jahre vorher den Raum der Geschichte Israels verlassen, als die nun folgende Geschichte ihren Anfang nahm. Sein großes Königreich, durch seinen Sohn Salomo erweitert und zu noch mehr Reichtum emporgestiegen, war in zwei schwache Teile auseinandergebrochen. Das südliche Königreich Juda wurde von seinen Nachkommen regiert, während das nördliche Königreich Israel unter der Nachfolge gottloser Männer zu leiden hatte. Einer von ihnen war der Mann jener ehelichen Verbindung, die wir als nächste genauer untersuchen wollen.

In der Bibel wird er mit den folgenden erschreckenden Worten eingeführt: „Und Ahab, der Sohn Omris, tat, was dem Herrn übel gefiel, über alle, die vor ihm gewesen waren“ (1. Kön. 16, 30). Er stand in dem zweifelhaften Ruf, der gottloseste König gewesen zu sein, der bis dahin über Israel regiert hat. Wir erwarten Schreckliches von einem so entarteten Mann und sind nicht überrascht zu lesen: „Und es war ihm ein Geringes, daß er wandelte in der Sünde Jerobeams, des Sohnes Nebats, und nahm dazu Isebel, die Tochter Ethbaals, des Königs zu Sidon, zum Weibe und ging hin und diente Baal und betete ihn an“ (1. Kön. 16, 31).

„Sidon“ war ein anderer Name für die Phönizier, jenes Seefahrervolk an der Mittelmeerküste, das die großen Städte Tyrus und Sidon besetzte. Unter der allgegenwärtigen Bedrohung von Syrien und der wachsenden Gefahr Assyriens beschloß Ahab, ein Bündnis mit diesem Nachbarvolk zu schließen. Deshalb machte er einen Vertrag mit dem König der Phönizier und versiegelte ihn, indem er seine Tochter heiratete. So geschah es, daß Isebel nach Samaria kam, dem Zentrum Israels. Was sich dann dort zutrug, kann man nur so beschreiben: Ein Wirbelsturm suchte Israel heim.

Der König der Phönizier war nicht nur der politische Führer seines Volkes, er war auch der Hohepriester ihrer Religion, wie es sein Name Ethbaal andeutet. Isebel war aufgewachsen im Banne des Götzendienstes Baals und seines weiblichen Gegenstücks Astharoth. Baal wurde als die Gottheit des Landes angesehen. Ihm gehörte es, und er überwachte das Wetter und die Zunahme der Ernte und des Viehbestands. Astharoth wurde als die Göttin der Fruchtbarkeit verehrt. So standen Götzenbilder von Baal und Astharoth Seite an Seite in den Tempeln der Phönizier. Sie wurden von Priestern und Tempeldienern mit unzüchtigen Fruchtbarkeitstänzen und ausschweifigen Orgien angebetet in der Hoffnung, daß Baal und Astharoth ihrem Beispiel folgend, ihnen reiche Ernten, viel Vieh und viele Kinder bescheren würden. In Zeiten der Not — der Dürre und des Hungers — opferte man ihnen sogar Kinder, um die Götter friedlich zu stimmen und ihre Hilfe zu erhalten.

Isebel war eine fanatische Verfechterin ihrer Religion. Die Anbetung Jahwes muß ihr vergleichsweise langweilig und trist vorgekommen sein. Sie war entschlossen, dies zu ändern. Isebel war eine starrköpfige, eigenwillige, herrschsüchtige Frau, und mit einem moralischen Schwächling als Ehemann hatte sie kaum Mühe, ihren Willen durchzusetzen. Sie brachte ihn dazu, in Samaria neben dem Königspalast für Baal einen Tempel zu bauen, ebenso für Astharoth eine Anbetungsstätte der Fruchtbarkeitsgöttin.

Dann ließ sie 450 Propheten des Baal und 400 Propheten der Astharoth kommen, beherbergte sie in dem Palast und bewirtete sie in königlichem Stil. Die Aufgabe der Propheten sollte es sein, die Anbetung des Baal und der Astharoth im ganzen Land voranzutreiben.

Nicht allein zufrieden damit, ihre Religion in Israel einzuführen, trachtete Isebel darüber hinaus danach, den Gottesdienst an Jahwe im Lande auszurotten und jeden wahren Propheten Gottes zu töten. Sie mußte in allen Dingen ihrem Willen Geltung verschaffen, und beinahe wäre ihr dies auch gelungen. Einige Propheten überlebten dadurch, daß sie einen Kompromiß mit Ahab eingingen und zu „Ja"-Männern wurden. Eine andere Gruppe von hundert wurde in einer Felsenschlucht verborgen gehalten und von einem gottesfürchtigen Diener Ahabs mit Namen Obadia heimlich mit Speise versorgt.

Elia war der einzige, der den Mut besaß, sich öffentlich gegen Isebels Boshaftigkeit zu erheben. Gott schenkte ihm einen großen Sieg, als er auf sein Gebet hin auf dem Berg Karmel Feuer vom Himmel fallen ließ als Zeichen der Allmacht Gottes. Die Propheten des Baal wurden erschlagen, und es sah so aus, als wollte das Volk sich wieder dem wahren Gott zuwenden. Aber Isebel war noch nicht am Ende mit ihrem unheilbringenden Werk. Sie schwor in ihrer Wut, Elia zu töten, und er floh um sein Leben, brach in der Wüste unter einem Wacholderbaum zusammen und flehte zu Gott, er möge ihn sterben lassen. Das war der absolute Tiefpunkt in der großen Laufbahn dieses gottesfürchtigen Propheten. Und die Anbetung Baals blieb und riß das Volk herunter in neue Tiefen der Erniedrigung. Diese widerspenstige, starrköpfige, eigenwillige Frau Ahabs brachte Israel viele Jahre Zwietracht, Not und Elend.

Ehen mit starrsinnigen, eigenwilligen Menschen können Unglück über die ganze unmittelbare Umgebung bringen. Der unüberwindbare Eigenwille, der noch nie vor dem lebendigen Gott kapituliert hat, wird gegenüber dem Nächsten nur selten nachgeben. Mit unbeugsamer Aufsässigkeit fordern derartige Menschen immer wieder ihren eigenen Willen, ergreifen jedes nur mögliche Mittel und schlagen jeden Weg ein, um das zu tun, was ihnen beliebt. Sie werden nicht auf Vernunftgründe hören; sie werden nicht die Gefühle anderer berücksichtigen; sie werden nicht die möglichen Folgen ihrer beabsichtigten Handlungen überdenken. Sie glauben, daß sie im Recht und die anderen im Unrecht sind, und sie verfolgen entschlossen ihr gestecktes Ziel. Sie wissen offenbar sehr wenig von Gottes Liebe, die „nicht das Ihre sucht" (1. Kor. 13, 5), sondern kennen nur Eigenliebe, die auf ihren eigenen Rechten beharrt und ihren eigenen Willen fordert. Diejenigen, die mit solchen Menschen zusammenleben, werden eines Tages gefühlsmäßig zerstört. Für das Überleben der Menschen um uns herum, für das Glück unserer Ehepartner und für die Harmonie in Ehe und Familie müssen wir jeglichem Drang nach Starrsinn und Eigenwillen entschieden entgegentreten und zur Überwindung Gottes Gnade ergreifen.

Natürlich war Ahab genauso eigenwillig wie Isebel, jedoch mit einem anderen Temperament. Zum einen war er eigenwillig eine Ehe eingegangen, die politisch günstig schien, aber ganz im Gegensatz zu Gottes Wort stand. Ahabs Eigenwille tritt in einem bestimmten Zwischenfall noch deutlicher zutage, und zwar im Zusammenhang mit dem „König und seinem Kohlgarten". Kurz nachdem er Isebel geheiratet hatte, verschönerte Ahab den Palast zu Samaria, so daß er „das Elfenbeinhaus" genannt wurde (1. Kön. 22, 39), und baute außerdem noch einen zweiten Palast in Jesreel, 25 Meilen nördlich gelegen, einem Gebiet, das in der Winterzeit ein gemäßigteres Klima aufwies. „Nach diesen Geschichten begab sich's, daß Naboth, ein Jesreeliter, einen Weinberg hatte zu Jesreel, bei dem Palast Ahabs, des Königs zu Samaria" (1. Kön. 21, 1). Ahab beschloß, daß er Naboths Grundbesitz haben mußte. Deshalb ging er zu ihm und sprach: „Gib mir deinen Weinberg; ich will mir einen Kohlgarten daraus machen, weil er so nahe an meinem Hause liegt. Ich will dir einen besseren Weinberg dafür geben, oder, so dir's gefällt, will ich dir Silber dafür geben, soviel er gilt" (1. Kön. 21, 2). Naboth lehnte das Angebot ab und handelte damit genau richtig, denn Gott hatte den Juden verboten, das elterliche Erbteil zu verkaufen (3. Mose 25, 23 und 24). Naboth gehorchte einfach dem Gebot des Herrn.

„Da kam Ahab heim voll Unmut und zornig um des Wortes willen, das Naboth, der Jesreeliter, zu ihm hatte gesagt und gesprochen ... Und er legte sich auf sein Bett und wandte sein Antlitz und aß kein Brot" (1. Kön. 21, 4). Kann man sich vorstellen, daß ein erwachsener Mann sich so kindisch aufführt? Es ist tatsächlich möglich. Schwache, wankelmütige Menschen wie Ahab suchen oftmals ihren Willen durchzusetzen, ebenso wie starrsinnige, herrschsüchtige Menschen vom Typ Isebel. Aber sie reagieren anders, wenn es ihnen nicht gelingt. Während die Kraftvollen lärmen und toben, gegen diejenigen ausschlagen, die ihnen gerade im Wege sind, und mit Gegenständen werfen und Dinge zerstören, grollen und schmollen und ärgern sich die Schwachen wie ungezogene Kinder. Es kommt vor, daß sie sich sträuben, aus dem Bett aufzustehen und sogar das Essen ablehnen. Sie wollen sich in ihrem Selbstmitleid ergehen und jedermann wissen lassen, wie schlecht es ihnen geht. In Wirklichkeit zeigen sie den Leuten damit nur, wie egoistisch und unreif sie sind.

Der Eigenwille in seiner Vielfalt, ob heftig nach außen oder in sich hineingrollend, kann eine Ehe zerrütten. Meistens beginnt das Unglück dann, wenn unsere Ehepartner auf ihren unwiderruflichen Rechten beharren; sei es, daß der Ehemann seiner Frau nicht erlaubt, etwas zu kaufen, was sie für nötig hält, sei es, daß die Frau ausgerechnet an dem Tag, an dem der „Herr Gemahl" sein Lieblingsgericht erwartet, ein miserables Essen serviert. Statt daß wir uns von der Liebe und Güte Jesu Christi leiten lassen, verfallen wir unserer sündhaften Natur und bekommen einen Wutanfall oder sind zutiefst gekränkt, je nach unserer Veranlagung. Und langsam aber sicher zehrt dies an unserer Beziehung zueinander. Jener nicht zu bewegende Eigenwille, der vielleicht noch nie einmal gebrochen und Gott hingegeben wurde, kann schließlich zu noch viel größeren Problemen führen. Ich habe einmal jemand sagen hören: „Ich liebe sie nicht mehr. Ich will sie nicht mehr. Ich suche mir woanders mein bißchen Glück und kümmere mich nicht darum, was die Bibel sagt."

Gott will unseren sündenvollen, starrsinnigen Willen brechen. Er möchte ihn mit seiner Liebe besiegen. Der erste Schritt zum Sieg ist das Zugeständnis, daß das ständige Beharren auf dem eigenen Willen Ungehorsam gegen Gottes Wort und deshalb Sünde ist. Sprechen Sie mit dem Herrn darüber, und seien Sie ganz ehrlich mit ihm. Sagen Sie frank und frei, daß Sie immer nur Ihren eigenen Willen suchen, anstatt selbstlos und rücksichtsvoll gegenüber dem andern zu sein. Erkennen Sie an, daß dies im Gegensatz zu seinem Wort steht. Bitten Sie ihn, Ihnen zu helfen. Dann beschließen Sie durch einen Willensakt, Liebe zu üben. Dieser Glaubensschritt wird Gottes Vollmacht in Kraft setzen. Er wird Sie fähig machen, mit Ihrer Entscheidung in Liebe zu handeln, durchzuhalten, und er wird Sie zudem noch mit reiner Freude beschenken, seinen Willen zu tun.

Aber gehen wir gedanklich für einen Augenblick noch einmal zurück zu Ahab und seinem Kohlgarten. Isebel fand Ahab grollend in seinem Bett und sprach zu ihm: „Was ist's, daß dein Geist so voll Unmuts ist und daß du nicht Brot issest?" (1. Kön. 21, 5). Ahab erklärte ihr, daß Naboth sich geweigert hatte, ihm seinen Weinberg abzutreten. Sie antwortete: „Was wäre für ein Königreich in Israel, wenn du nicht tätig wärest!" (1. Kön. 21, 7). In die moderne Sprache übersetzt würde dies etwa so lauten: „Was bist du, ein Mann oder eine Maus? Weißt du nicht, daß du der König bist? Du kannst alles haben, alles gehört dir." Mit ihrer phönizischen Herkunft schien Isebel nicht zu begreifen, daß selbst Könige in Israel dem Gesetz Gottes unterworfen waren.

Wir stellen fest, wie gründlich dieser schwache und böswillige Mann von seiner bestimmenden Frau unterdrückt und beherrscht wurde, als sie zu ihm sprach: „Steh auf und iß Brot und sei guten Muts! Ich will dir den Weinberg Naboths, des Jesreeliten, verschaffen" (1. Kön. 21, 7). Sie plante ein schreckliches Verbrechen: zwei bezahlte Zeugen wollte sie dazu bringen, zu bezeugen, daß sie Naboth Gotteslästerungen und Lästerungen gegen den König haben aussprechen hören, so daß er und seine Söhne zu Tode gesteinigt würden und der König dann freie Hand hätte, Anspruch auf Naboths Land zu erheben (siehe 2. Kön. 9, 26). So wollte sie Ahab ihre Lebensphilosophie beibringen: „Nimm, was du willst, und vernichte jeden, der dir im Wege steht." Und Ahab hatte nicht den Mut, ihr Einhalt zu gebieten.

Ein Mann wird seltsame Dinge tun, wenn er von seiner Frau verlacht und verspottet wird. „Warum bist du ihm nicht entgegengetreten?" höhnte eine Frau, als sie von der kürzlichen Auseinandersetzung zwischen ihrem Mann und seinem Chef hörte. „Wann willst du endlich anfangen, dich wie ein Mann zu benehmen?" Und so tat er es bei der nächsten Gelegenheit, verlor seinen Posten, und alle litten darunter. Die nächste Runde lautete dann so: „Du bist noch nicht einmal in der Lage, für deine Familie aufzukommen. Was bist du nur für ein Mann?" Er zeigte es ihr, indem er grob zu ihr wurde, sich den Betrügereien zuwandte und anfing zu stehlen. Und wieder mußte die ganze Familie darunter leiden. Ein Mann braucht die Achtung seiner Frau, nicht den Spott. Von diesem schändlichen Zwischenfall in Ahabs Leben sagte Gott: „Also war niemand, der sich so gar verkauft hätte, übel zu tun vor dem Herrn, wie Ahab, denn sein Weib Isebel überredete ihn also" (1. Kön. 21, 25). Gewiß, einige Männer brauchen den Ansporn, aber nicht zum Bösen! Eine gottesfürchtige Frau wird ihren Mann dazu bewegen, auf Gott zu hören und für ihn zu leben, aber ganz bestimmt nicht ihn zur Sünde ermutigen.

Aber die Geschichte ist noch nicht zu Ende. Ahab und Isebel waren starrköpfig bis zuletzt. Elia traf Ahab in Naboths Weingarten und verkündete Gottes Gericht, das auf ihn und auf seine Frau wegen ihrer bösen Taten kommen würde. Es geschah einige Jahre später, als dieses Gericht Ahab heimsuchte, und auch dies ist eine Geschichte des Eigenwillens. Der Zwischenfall ereignete sich wegen einer Stadt östlich des Jordan mit Namen Ramoth-Gilead, die — wie Ahab behauptete — Israel gehörte, aber noch in der Hand der Syrer war. Als Josaphat, König von Juda, Ahab besuchte, fragte er ihn, ob er um Ramoth-Gilead mit ihm in die Schlacht ziehen würde. Josaphat erklärte sich bereit, wollte aber zuerst den Herrn befragen. Ahab rief nun seine „Ja"-Männer zusammen, und sie versicherten ihm, daß der Herr Ramoth-Gilead in die Hand des Königs geben werde. Aber Josaphat war noch nicht zufrieden. Er wollte noch eine andere Meinung hören: „Ist hier kein Prophet des Herrn mehr, daß wir durch ihn fragen?" (1. Kön. 22, 7). Und Ahab erwiderte: „Es ist noch ein Mann, Micha, der Sohn Jemlas, durch den man den Herrn fragen kann. Aber ich bin ihm gram; denn er weissagt mir kein Gutes, sondern eitel Böses" (1. Kön. 22, 8). So wurde Micha gerufen, und obwohl er wußte, daß sein Leben in Gefahr war, redete er das, was Gott ihm sagte. Israel würde zerstreut werden auf den Bergen wie Schafe ohne einen Hirten (1. Kön. 22, 17). Wie nicht anders zu erwarten, verwarf Ahab Michas Weissagung und ließ ihn in den Kerker werfen. Er würde sich schon das nehmen, was er wollte, und tun, was ihm gefiel, ohne Rücksicht auf Gottes Willen.

Aber sein Plan ging nicht auf. Ahab wußte, daß die Syrer es auf ihn ganz persönlich abgesehen hatten, und deshalb legte er seine königliche Kleidung ab und verkleidete sich als ein gewöhnlicher Soldat. „Ein Mann aber spannte den Bogen von ungefähr und schoß den König Israels zwischen Panzer und Wehrgehänge" (1. Kön. 22, 34). Jener Soldat wußte nicht, daß sein Geschoß gegen den König gerichtet war. Sein Pfeil traf genau den schmalen Schlitz zwischen zwei Teilen von Ahabs Rüstung. Nur wenige Bogenschützen konnten so haargenau treffen. Es war offensichtlich, daß Gott den Pfeil lenkte, und Ahabs Eigenwille endete so mit seinem frühzeitigen Tod.

Isebel überlebte ihn um fast 14 Jahre. Jehu, der Feldhauptmann des israelitischen Heeres, sollte in ihrem Fall der Vollstrecker des göttlichen Gerichts sein. Nachdem er König Joram, den Sohn Ahabs, geschlagen hatte, zog er nach Jesreel. Die Schrift sagt: „Und da Jehu gen Jesreel kam und Isebel das erfuhr, schminkte sie ihr Angesicht und schmückte ihr Haupt und schaute zum Fenster hinaus" (2. Kön. 9, 30). Sie wußte, was ihr bevorstand, aber sie wollte wie eine Königin sterben, arrogant, eigensinnig und unbußfertig bis zum Ende. Von ihrem Fenster rief sie Jehu Schmähworte zu, doch auf Jehus Befehl warfen einige ihrer Knechte sie herunter, „daß die Wand und die Rosse mit ihrem Blut besprengt wurden; und sie ward zertreten" (2. Kön. 9, 33). Es war ein schmerzvoller Tod. Er machte aufs neue deutlich, wie gefährlich und voller Sündhaftigkeit der Eigenwille in Auflehnung gegen Gott ist.

Ihr Einfluß wirkte weiter in ihren Kindern. Dies ist oftmals die traurigste Auswirkung eines Lebens wie das von Ahab und Isebel. Zwei Söhne von Ahab und Isebel regierten später in Israel. Der erste hieß Ahasja. Von ihm sagte Gott: „Und er tat, was dem Herrn übel gefiel, und wandelte in dem Wege seines Vaters und seiner Mutter und in dem Wege Jerobeams, des Sohnes Nebats, der Israel sündigen machte, und diente Baal und betete ihn an und erzürnte den Herrn, den Gott Israels, wie sein Vater tat" (1. Kön. 22, 53 und 54). Der zweite Sohn hieß Joram. Als Jehu auszog, um Rache an dem Hause Ahabs zu üben, rief Joram: „Jehu, ist's Friede? Jehu beschrieb Jorams Regentschaft mit den Worten: „Was Friede? Deiner Mutter Isebel Abgötterei und Zauberei wird immer größer" (2. Kön. 9, 22).

Ahab und Isebel hatten auch eine Tochter, Athalja, und sie heiratete einen Mann, der auch Joram hieß, den Sohn Josaphats, Herrscher über das südliche Königreich Juda. „Und wandelte in dem Wege der Könige Israels, wie das Haus Ahab getan hatte, denn Ahabs Tochter war sein Weib. Und er tat, was dem Herrn übel gefiel" (2. Chron. 21, 6). So geschah es, daß der böse Einfluß sich auch südwärts ausbreitete. Nach Jorams Tod wurde sein Sohn aus der Ehe mit Athalja König von Juda. „22 Jahre alt war Ahasja, da er König ward, und regierte ein Jahr zu Jerusalem. Seine Mutter hieß Athalja, die Tochter Omris. Und er wandelte auch in den Wegen des Hauses Ahab; denn seine Mutter hielt ihn dazu, daß er gottlos war. Darum tat er, was dem Herrn übel gefiel, wie das Haus Ahab. Denn sie waren seine Ratgeber nach seines Vaters Tode, daß sie ihn verderbten" (2. Chron. 22, 2—4). Der böse Einfluß vererbte sich weiter.

Gott allein weiß, wie viele Generationen von unserem sündhaften Eigenwillen betroffen werden, ebenso von unserer Hartnäckigkeit und Unnachgiebigkeit, anstatt Gottes Willen zu tun. Diese erschütternde Geschichte sollte uns Ansporn sein, auch das letzte bißchen Eigenwillen aufzugeben und uns völlig dem Willen Gottes auszuliefern.

Wie stehen Sie dazu?

1. Wie hätte Ahab nach Ihrer Meinung handeln müssen, als ihm bekannt wurde, daß Isebel die Anbetung Jahwe in Israel ausrotten wollte?
2. Wie kann eine Frau sich mehr Achtung gegenüber ihrem Mann verschaffen? Wie kann der Mann ihr dabei helfen?
3. Haben Sie das Gefühl, daß Ihr Ehepartner Ihre ,,unverbrüchlichen Rechte" verletzt? Besprechen Sie miteinander, wie die Situation zu meistern ist.
4. In welcher Weise drückt sich Ihre selbstsüchtige Natur aus — in Form von Wutausbrüchen oder durch Grollen und Verärgerung? Wo erkennen Sie zunehmende Selbstsucht? Was können Sie tun, um diese zu bekämpfen?
5. Sind Sie der Meinung, daß Sie in den meisten Fällen auf Ihrem eigenen Willen beharren? Fragen Sie Ihren Ehepartner, wie er darüber denkt, dann suchen Sie im Gebet die Antwort.
6. Haben Sie beide Ihr Leben dem Herrn Jesus Christus übergeben, und sind Sie gewillt, ihm die notwendigen Veränderungen anzuvertrauen, damit Ihre Beziehung zueinander wieder besser wird? (Ihre Bereitschaft, Ihren Ehepartner anzuhören, ohne sich innerlich zu erregen oder sich in die Defensive zu flüchten, könnte ein sicheres Zeichen jener Bereitschaft sein.)

8

Unsterbliche Liebe

Die Geschichte von Hosea und Gomer

Es geschah ungefähr 760 Jahre vor Jesu Geburt. Jerobeam II war auf dem Thron des nördlichen Königreiches von Israel, und seine militärischen Heldentaten hatten die Grenzen Israels weiter als je zuvor seit den Tagen des glorreichen Königreiches Salomos ausgedehnt. Steuergelder von unterworfenen Völkerstämmen flossen reichlich in die Staatskasse der Hauptstadt von Samaria, und die Leute von Israel erfreuten sich einer Zeit beispiellosen Wohlstands.

Wie es so oft der Fall ist, kam mit dem Reichtum der moralische und geistliche Verfall. Verweltlichung und Materialismus nahmen die Herzen der Menschen gefangen, und die Sünde nahm überhand. Die Aufzählung erinnert an das Amerika des 20. Jahrhunderts: Lügen, Töten, Stehlen, Ehebruch, Trunksucht, Perversion, Meineid, Betrug und Vergewaltigung, um nur einige der Verbrechen zu nennen. Aber das, was das Herz Gottes am meisten betrübte, war die Sünde der Abgötterei (Hos. 4, 12; 13, 2). Die goldenen Kälber, die von Jerobeam I etwa 150 Jahre zuvor aufgestellt worden waren, hatten die Schleusen geöffnet für jedweden verderblichen Ausdruck kanaanäischer Abgötterei wie Trunksucht, religiöse Schändung und Menschenopfer.

Weil der Herr Israel als sein Weib ansah, betrachtete er die Anbetung anderer Götter als geistlichen Ehebruch. Das Alte Testament spricht häufig von Israel als der Hure oder dem Land, das mit anderen Göttern hurt (siehe 5. Mose 31, 16; Richter 2, 17). Jahwe hatte Israel von Anbeginn wissen lassen, daß er nicht bereit war, es mit andern zu teilen: „Du sollst keine anderen Götter haben neben mir", war das erste der zehn in die Geschichte der Menschheit eingegangenen Gebote (2. Mose 20, 3). Aber Israel hatte hartnäckig seinen Befehl ignoriert, und bis zu den Tagen Jerobeams II war die Situation unerträglich geworden. Gott schickte sich an, sehr deutlich zu reden und erwählte sich dazu einen Propheten mit Namen Amos. Der frühere Hirte von Thekoa wurde Gottes machtvolles Sprachrohr vom bevorstehenden Gericht, aber die Nation schenkte ihm wenig Aufmerksamkeit. Deshalb erwählte sich Gott den Propheten Hosea, dessen Name „Jahwe ist Heil" bedeutet.

Gott erteilte ihm einen merkwürdigen Befehl: „Gehe hin und nimm ein Hurenweib und Hurenkinder; denn das Land läuft vom Herrn der Hurerei nach" (Hos. 1, 2). Diese Anweisungen werden sehr unterschiedlich verstanden. Einige Schriftausleger glauben, daß Gott Hosea den Auftrag gab, eine Frau zu heiraten, die früher eine Dirne war. Andere behaupten, daß — eine Frau aus der Dirnenszene zu heiraten — nichts anderes besagte, als sich eine Frau aus dem nördlichen Königreich von Israel zu nehmen, einem Land, das sich des geistlichen Ehebruchs schuldig gemacht hatte. In beiden Fällen ist es offensichtlich, daß es sich um eine Frau handelte, die durch die moralische Laxheit ihrer Gesellschaft tief beeinflußt worden war, und Gott beabsichtigte, die persönliche Beziehung des Propheten mit ihr als eine eindringliche Lektion seiner eigenen Beziehung mit seinem ungläubigen Volk Israel zu gebrauchen. Wie immer auch ihre Vergangenheit gewesen sein mag, es muß in ihrem Leben Bußfertigkeit und Glauben an Jahwe gegeben haben. Vielleicht ist sie auf den geisterfüllten Dienst Hoseas selbst eingegangen, und er fühlte sein Herz in tiefer und selbstloser Liebe zu ihr hingezogen. Gott leitete ihn, sie als seine Frau zu nehmen. Und so kam es, daß Gomer, die Tochter Diblaims, die ungleichartige Frau des blutjungen Priesters wurde.

Die ersten Tage ihrer Ehe waren wunderschön, als ihre Liebe zu erblühen begann. Und Gott segnete ihr Einssein mit einem Sohn. Wie muß Hoseas Herz vor Freude höhergeschlagen haben! Er war überzeugt, daß seine Ehe mit diesem Kind noch glücklicher werden würde und ihr Heim noch mehr erhellte. Gott selbst gab dem Sohn den Namen, denn sein Name sollte prophetische Bedeutung für die Nation haben. Er nannte ihn Jesreel, weil es in Jesreel geschehen war, daß König Jerobeams mächtiger Großvater Jehu durch ehrgeizige und verbrecherische Taten des Blutvergießens und der Gewalttätigkeit auf den Thron kam. Während seine Dynastie zunächst zwar im Aufwind war, zeichnete sich die Zerstörung schon am Horizont ab, und das sollte in dem Tal von Jesreel geschehen (Hos. 1, 4 und 5).

Es war nach der Geburt Jesreels, daß Hosea eine Veränderung an Gomer zu bemerken schien. Sie wurde ruhelos und unglücklich wie ein Vogel, der in einem Käfig gefangen gehalten wird. Hosea fuhr fort zu predigen, klagte die widerspenstige Nation an und ermahnte sie, von ihren Sünden zu lassen und Gott zu vertrauen, damit er sie vor der drohenden Gefahr durch die benachbarten Stämme bewahrte. „Kommt, wir wollen wieder zum Herrn!" war das Thema seiner Botschaft. Das predigte er immer wieder mit Vollmacht (Hos. 6, 1; 14, 1). Aber Gomer schien mehr und mehr das Interesse an seinem Predigtdienst zu verlieren. Tatsächlich hat sie ihm diesen Dienst für Gott übel genommen, und vermutlich hat sie Hosea beschuldigt, daß er mehr an sein Predigen dachte als an sie. Sie fing an, sich anderen Interessen zuzuwenden und verbrachte immer mehr Zeit fern von Zuhause.

Die Gefahren sind groß, wenn Mann und Frau kaum gemeinsame Interessen haben. Jeder geht dann bald seinen eigenen Weg. Beide haben ihren eigenen Freundeskreis, und es gibt wenig, was sie miteinander verbindet und ihre beiden Welten zusammenbringt. Die Inanspruchnahme des Mannes durch seine Arbeit kann ein Hauptgrund für die Spaltung sein. Oder die Frau beschäftigt sich in zunehmendem Maße mit außerfamiliären Tätigkeiten, was eine Vernachlässigung des eigenen Heimes zur Folge hat. Vielleicht liegt auch ganz einfach ein Desinteresse an den Dingen des Herrn sowohl bei dem Mann als auch bei der Frau vor. Das öffnet Tür und Tor für große Not. Männer und Frauen müssen im ehelichen Zusammenleben Dinge gemeinsam betreiben, und jeder muß Anteil an den Tätigkeiten des andern nehmen. In dieser von Gott inspirierten Geschichte trug eindeutig Gomer die Hauptschuld, viel mehr als Hosea. Sie teilte nicht die Liebe ihres Mannes zu Gott.

Das brachte Hosea zunehmend in seelische Not. Die Schrift berichtet uns keine Einzelheiten von dem, was zu der tragischen Zerrüttung führte, läßt aber die notvolle Lage erkennen. Gomers Abwesenheit von Zuhause geschah vermutlich immer häufiger und ausgedehnter, und bald schöpfte Hosea Verdacht und zweifelte an ihrer Treue. Des Nachts lag er wach und kämpfte mit seinen Ängsten. Während des Tages predigte er mit einem schweren Herzen. Und seine Verdächtigungen wurden bestätigt, als Gomer wieder schwanger wurde. Diesmal war es ein Mädchen, und Hosea war überzeugt davon, daß es nicht sein Kind war. Nach Gottes Weisung nannte er das Kind Lo-Ruhama, was „unbarmherzig" oder „ungeliebt" bedeutet und den Gedanken nahelegt, daß es sich nicht der Liebe ihres eigentlichen Vaters würde erfreuen können. Wiederum war der Name zugleich ein Symbol für Israels Abfall von Gottes Liebe und für die Zucht, die es bald erfahren sollte. Aber selbst diese geistgewirkte Botschaft konnte die betrübte Seele des Propheten nicht ermuntern.

Kaum war die kleine Lo-Ruhama entwöhnt, wurde Gomer erneut schwanger und gebahr einen Jungen. Gott sagte Hosea, er solle ihn Lo-Ammi nennen, was „nicht mein Volk" oder „nicht mein Geschlecht" bedeutete. Der Name symbolisierte Israels Entfremdung von Jahwe, aber er deckte zugleich auch Gomers sündhaftes Leben auf. Das Kind, in Hoseas Hause geboren, war nicht sein Kind.

Alles kam bald an die Öffentlichkeit. Jedermann wußte von Gomers Affären. Im ganzen zweiten Kapitel, das Hoseas Weissagung bezüglich der Beziehung Jahwes zu seinem untreuen Weib Israel beschreibt, bekommt man den Eindruck, daß die unselige Geschichte zwischen Hosea und Gomer mit verwoben ist. Hosea flehte um sie (2, 2). Er drohte an, sie zu enterben (2, 3). Aber dennoch lief sie mit ihren Liebhabern davon, weil sie ihr materielle Dinge in überschwenglichem Maße versprachen (2, 5). Er versuchte sie davon abzuhalten, aber sie fuhr fort, ihre Lebenserfüllung in der Sünde zu suchen (2, 7).

Dann kam der letzte Schlag. Vielleicht war es eine hinterlassene Nachricht, vielleicht auch ein Wort, von einem Freund zugesandt, mit dem Inhalt: „Diesmal verlasse ich dich für immer. Ich habe meine wahre Liebe gefunden. Ich werde nie wieder zurückkommen." Wie sehr muß Hosea darunter gelitten haben! Er liebte Gomer innig und trauerte um sie, als hätte der Tod sie ihm entrissen. Sein Herz schmerzte ihm, weil sie willig ein Leben gewählt hatte, das sie mit Sicherheit ins Verderben brachte. Seine Freunde haben vielleicht versucht, ihn zu trösten: „Ein Glück, daß du sie los bist, Hosea. Nun hast du ein für allemal ihr ehebrecherisches Treiben überstanden." Aber Hosea empfand anders. Er sehnte sich darnach, daß sie wieder zu ihm zurückkommen würde.

Wir können der Botschaft von seiner unsterblichen Liebe nicht ausweichen. Hosea wünschte sich Gomer wieder zurück an seiner Seite als sein treues Weib. Und er glaubte, daß Gott mächtig ist, dies zu tun. Eines Tages hörte er die Leute auf der Straße reden, daß Gomer von ihrem Geliebten verlassen worden sei. Sie hatte sich an die Sklaverei verkauft und den Tiefpunkt erreicht. Dies war der schwerste Schlag. Würde Hosea sie jetzt endgültig aufgeben? Sein Herz sagte „nein". Er konnte es nicht. Und dann sprach Gott zu ihm: „Gehe noch einmal hin und buhle um ein buhlerisches und ehebrecherisches Weib, wie denn der Herr um die Kinder Israels buhlt, und sie doch sich zu fremden Göttern kehren" (Hos. 3, 1).

Gomer wurde immer noch von Hosea geliebt, obwohl sie eine mehrfache Ehebrecherin war, und Gott wollte, daß er nach ihr suchte und immer wieder aufs neue seine Liebe zu ihr bewies. Wie kann jemand so tiefe Liebe empfinden? Die Antwort ist gegeben in Gottes Anweisungen an Hosea: „... so, wie der Herr liebt." Nur einer, der die Liebe und Vergebung Gottes kennt, kann so vollkommen lieben. Wer seine liebende Vergebung erfahren hat, kann nicht anders, als andere zu lieben und ihnen zu vergeben. Christliche Ehemänner sind aufgerufen, ihre Frauen so zu lieben, wie Christus die Gemeinde liebt (Eph. 5, 25). Hosea ist ein herausragendes biblisches Beispiel für diese Art der Liebe.

So machte er sich auf die Suche, getrieben von jener unzerstörbaren göttlichen Liebe, einer Liebe, die alles verträgt, die alles glaubt, die alles hofft, die alles erduldet, einer Liebe, die niemals aufhört. Und er fand sie, zerlumpt und verschmutzt, krank, mit strähnigem Haar, entblößt und hilflos an einen Auktionsblock gekettet, inmitten eines schmutzigen Sklavenmarktes, nur noch ein widerwärtiger Schatten der Frau, die sie einmal war. Wir wundern uns, daß irgend jemand sie jetzt noch lieben konnte. Aber Hosea kaufte sie mit 15 Silberlingen und anderthalb Scheffel Gerste von der Sklaverei los (Hos. 3, 2). Dann sprach er zu ihr: „Halt dich als die Meine eine lange Zeit und hure nicht und gehöre keinem andern an; denn ich will mich auch als den Deinen halten" (Hos. 3, 3). Er bezahlte tatsächlich für sie, brachte sie mit nach Hause und nahm sie wieder als seine Frau an. Da wir in der Schrift keinen Hinweis mehr auf ihre weiteren Beziehungen zueinander finden, dürfen wir annehmen, daß Gott Hoseas äußersten Akt an vergebender Liebe dazu gebrauchte, ihr Leben zu ändern.

Wieviel Mal sollen Eheleute einander vergeben? Einige behaupten: „Wenn ich immer wieder vergebe, bestärke ich den andern nur in seinem sündhaften Tun." Oder: „Wenn ich immer wieder vergebe, bildet er sich ein, daß er alles bekommt, was er haben will." Wieder andere sagen: „Wenn ich immer wieder vergebe, so ist es, als wenn ich damit das Verhalten meines Ehepartners mit dem Siegel meines Einverständnisses versehe." Oder: „Ich kann doch einen solchen Schlag nicht einfach hinnehmen. Wenn er das noch einmal tut, verlasse ich ihn." Dies alles sind menschliche Antworten. Hören wir auf die Antwort des Herrn Jesus. Petrus hatte dem Herrn die gleiche Frage gestellt: „Herr, wie oft muß ich denn meinem Bruder, der an mir sündigt, vergeben? Ist's genug siebenmal?" Die Antwort des Herrn war: „Ich sage dir: Nicht siebenmal, sondern siebzigmal siebenmal" (Matth. 18, 21 und 22). Das ist viel Vergebung! Damit wollte Christus in eindringlicher Weise sagen, daß es mit der Vergebung kein Ende haben soll.

Manchmal sind es nur die kleinen alltäglichen Dinge, die der Vergebung bedürfen, das gelegentliche scharfe Wort oder die böse Anschuldigung. Aber wir fressen es in uns hinein, lassen es an uns arbeiten und bauen Bitterkeit und Groll auf, die unsere Beziehung zueinander unterhöhlen. Manchmal ist es ein großes Vergehen, wie das von Gomer, und wir können es nie vergessen. Wir pflegen unseren Groll und verbittern. Immer wieder machen wir halb im Unterbewußtsein den Versuch, den Ehepartner für die Schläge, die wir zu erdulden haben, zu strafen. Wir versuchen zu vergeben, aber nach ein paar Tagen meldet sich der Groll wieder und frißt sich weiter in uns fest. Tiefe Wunden zu heilen braucht seine eigene Zeit. Sie schmerzen uns immer wieder. Das ist unvermeidlich. Aber jedes Mal, wenn wir daran erinnert werden, müssen wir uns klarmachen, daß wir ja schon vergeben haben, und uns vergegenwärtigen, wie oft Gott uns schon vergeben hat. Dann müssen wir ihn bitten, die zerstörerischen, unversöhnlichen Gedanken in Herz und Sinn von uns zu nehmen.

Vergebung bedeutet nicht unbedingt, daß wir still vor uns hin leiden müssen. Die Notwendigkeit einer offenen und ehrlichen Mitteilung erfordert es, daß wir aussprechen, was wir denken und wie wir fühlen, welches Unrecht uns zugefügt wurde, und wie unser Ehepartner uns helfen kann, darüber hinwegzukommen. Gott sagt uns, wie sehr unsere Sünde ihn betrübt. Gomer wußte vermutlich, wie tief sie durch ihren Wandel Hoseas Herz verwundet hatte. Was wir sagen, muß in Liebe und freundlich gesagt werden. Wir haben sowohl das Bedürfnis als auch die Verpflichtung, dem andern mitzuteilen, was wir in unserem Herzen bewegen.

Vergebung bedeutet nicht unbedingt, daß sich damit alle Spannungen lösen und die Sünde für immer ausgeräumt ist. Das erfordert weitere Seelsorge und macht ein ehrliches Überdenken unserer Persönlichkeit und unserer festgefahrenen Gewohnheiten notwendig. Es verlangt weiter einen Wechsel oder ein Aufdecken unseres Lebensstils. Gott unternimmt positive Schritte, um uns zu helfen, ihm wohlgefällig zu leben. Genau das versteht man unter göttlicher Disziplin. Wir züchtigen uns nicht gegenseitig, aber wir können über die erforderlichen Schritte sprechen, die uns helfen, die alten Fehler und Irrtümer in Zukunft zu vermeiden.

Vergebung bedeutet vielmehr, daß wir die Schuld des andern bezahlen. Wir lehnen es ab, sie dem Schuldigen in irgendeiner Weise heimzuzahlen. Wir sprechen ihn von aller Schuld frei. Gott kann diese vergebende Liebe benutzen, um verhärtete Herzen und ein gefühlloses und abgestumpftes Leben schneller als irgend etwas anderes auf dieser großen weiten Welt zu verändern. Das ist die Lektion von Hosea und Gomer, die Lektion der Vergebung. Gottes Liebe und Vergebung durchdringen Hoseas ganze Prophetie. Bitte, mißverstehen Sie mich nicht. Gott haßt die Sünde; sie betrübt sein Herz; er kann sie nicht stillschweigend hinnehmen; seine vollkommene Gerechtigkeit als Richter über den ganzen Erdkreis macht es erforderlich, daß er mit der Sünde abrechnet. Aber er liebt dennoch die Sünder, und er sucht sie, um ihnen seine liebende Vergebung anzubieten.

Israel, das Volk Gottes, ist von alters her immer wieder der Sünde verfallen. „Was soll ich dir tun, Ephraim? Was soll ich dir tun, Juda? Denn eure Liebe ist wie eine Morgenwolke und wie ein Tau, der frühmorgens vergeht“ (Hos. 6, 4). Aber Gott hat nie aufgehört, sein Volk zu lieben. „Da Israel jung war, hatte ich ihn lieb und rief ihn, meinen Sohn, aus Ägypten“ (Hos. 11, 1). „Ich ließ sie ein menschlich Joch ziehen und in Seilen der Liebe gehen und half ihnen das Joch an ihrem Hals tragen und gab ihnen Futter“ (Hos. 11, 4). „Was soll ich aus dir machen, Ephraim? Soll ich dich schützen, Israel?“ (Hos. 11, 8). Und weil Gott nie aufhörte, Israel zu lieben, hörte er auch nicht auf, zu flehen: „Bekehre dich, Israel, zu dem Herrn, deinem Gott, denn du bist gefallen um deiner Missetat willen“ (Hos. 14, 1).

Wir sollen auch so lieben. Wir sollen auch so vergeben. Wir müssen mit den eiternden Wunden, die wir schon so lange in unseren Herzen haben, zum Kreuz von Golgatha kommen und sie dort ablegen, dorthin, wo wir einstmals unsere ganze Sündenschuld abgelegt haben und Gottes liebende Vergebung fanden — und wir müssen sie alle dort zurücklassen. Wenn wir völlig vergeben, wird unser Herz frei werden von der Gebundenheit des Grolls, die eine Mauer zwischen uns aufgebaut hat, und wir werden in die Freiheit versetzt, damit wir in unserer Beziehung zueinander wachsen können.

Wie stehen Sie dazu?

1. Was sind nach Ihrer Meinung die Hauptgründe, wenn Ehepaare sich auseinanderleben?
2. Welche gemeinsamen Interessen haben Sie? Was könnten Sie tun, um Ihr Einssein noch zu vertiefen?
3. Ehepaare sind sich nicht immer ihrer gegenseitigen Liebe sicher. Es könnte für jeden von Ihnen hilfreich sein, die folgenden Gedanken zu Ende zu führen: „Ich fühle mich geliebt, wenn du ...“ „Ich sage, daß ich dich liebe, wenn ...“
4. Können Sie sich an Unrecht erinnern, das Ihr Ehepartner Ihnen zugefügt hat und das Sie daran hindert, Ihre Liebe freimütig auszudrücken? Gestehen Sie es Ihrem Ehepartner und sprechen Sie Ihre volle Vergebung aus.
5. Wie können Sie das ein für allemal vergebene Unrecht aus Ihren Gedanken auslöschen, damit es Ihnen nicht Ihren Frieden raubt?
6. Welche positiven Schritte können Sie gemeinsam tun, damit gewisse Sünden sich nicht in Ihrem Leben wiederholen?

9

Für solch eine Zeit wie diese

Die Geschichte von Ahasveros und Esther

Die Situationen in unserem Leben sind nicht immer nach unserem Wunsch: der Ort, an dem wir leben müssen, die Menschen, mit denen wir es zu tun haben, oder die Probleme, mit denen wir konfrontiert werden. Und diese Dinge sind nicht immer selbstverschuldet. Wir sind vielleicht das Opfer widriger Umstände geworden, oder wir haben Entscheidungen getroffen, von denen wir dachten, daß sie richtig sind, die aber dann nicht unsere Erwartungen erfüllten. Es gibt Menschen, die so über ihre Ehe denken wie jene Frau, die der Meinung war, daß der Mann, den sie geheiratet hat, ein gläubiger Christ sei. Sie mußte später feststellen, daß er sie darin betrogen hatte. Seine Haltung spiegelte ständig sein Desinteresse an den Dingen des Herrn wider und verursachte in ihr tiefen Kummer.

Es gibt in Gottes Wort eine Geschichte, die alle diejenigen ermutigen wird, die in ähnlich unglücklichen Verhältnissen leben wie die beiden Hauptpersonen dieser Geschichte.

Der Herr des Hauses war der König des größten Weltreiches seiner Zeit. Die Juden nannten ihn Ahasveros, die hebräische Form seines persischen Namens. In der Weltgeschichte ist er besser bekannt unter seinem griechischen Namen König Xerxes I., der Persien von 486 bis 465 v. Chr. regierte. Sein mächtiges Reich erstreckte sich von Indien bis Äthiopien (Esther 1, 1). Aber das genügte ihm noch nicht. Sein großes Verlangen war, das zu tun, was sein Vater Darius I. niemals zustande gebracht hatte — Griechenland zu erobern.

Das Wort Gottes berichtet uns darüber: „Im dritten Jahr seines Königreichs machte er bei sich ein Mahl allen seinen Fürsten und Knechten, den Gewaltigen in Persien und Medien, den Landpflegern und Obersten in seinen Ländern, daß er sehen ließe den herrlichen Reichtum seines Königreichs und die köstliche Pracht seiner Majestät viele Tage lang, 180 Tage“ (Esther 1, 3 und 4). Eine Konferenz von solch hohem Niveau, die sechs Monate dauern sollte, mußte mehr sein als nur eine großartige Party. Es war vermutlich eine strategische Sitzung für die bevorstehende Invasion des Königs in Griechenland. Die Weltgeschichte berichtet uns, daß er mit der Invasion im Jahre 481 v. Chr. begann, kurz nach dieser außerordentlichen Zusammenkunft.

Als abschließenden Höhepunkt hatte er sieben besondere Feiertage mit großem Festgelage eingeplant (Esther 1, 5). Vom Wein bereits berauscht, ließ er nach seiner schönen Königin Basthi rufen, um vor seinen Freunden mit ihr zu protzen (Esther 1, 11). Sie lehnte es ab, sich zum Subjekt eines öffentlichen Schauspiels machen zu lassen, und Ahasveros wurde sehr zornig. Auf den Rat seiner engsten Vertrauten beschloß er durch königlichen Erlaß — durch das Gesetz der Meder und Perser, das niemals aufgehoben werden konnte, nicht einmal durch den König selbst —, ihr die königliche Würde zu entziehen (Esther 1, 19).

Es war eine überstürzte Entscheidung, die er in seinem Leben noch bedauern sollte, aber Ahasveros war bekannt als ein impulsiver und starrköpfiger Mann.

Zudem hatte er wichtigere Dinge zu tun, als sich um seinen Harem zu kümmern. Er war bereit und entschlossen, Griechenland zu erobern. Seine Heere waren den andern überlegen, und der günstige Augenblick in der damaligen geschichtlichen Lage bewirkte, daß das Glück zunächst auf seiner Seite war. Doch nach einer Folge berühmter Schlachten, die allen Kundigen der Altertumsgeschichte geläufig sind (Thermopylen, Salamis, Plataea), war seine militärische Macht schließlich zerbrochen, und er kehrte als ein geschlagener Mann in seine Hauptstadt Susan zurück. Wie sehr muß er sich nach dem Trost und der Gesellschaft seiner verstoßenen Königin gesehnt haben, die ihn in seiner Schande hätte trösten und aufrichten können. „Nach diesen Geschichten, da der Grimm des Königs Ahasveros sich gelegt hatte, gedachte er an Basthi, was sie getan hatte und was über sie beschlossen war“ (Esther 2, 1). Aber es war zu spät. Sein Erlaß war unumstößlich.

Darauf schlugen seine Berater einen Schönheitswettbewerb in ganz Persien vor, um eine Königin für König Ahasveros zu finden. „Da sprachen die Diener des Königs, die ihm dienten: Man suche dem König junge, schöne Jungfrauen, und der König bestelle Männer in allen Landen seines Königreichs, daß sie allerlei junge, schöne Jungfrauen zusammenbringen gen Schloß Susan ins Frauenhaus unter die Hand Hegais, des Königs Kämmerers, der der Weiber wartet, und man gebe ihnen ihren Schmuck; und welche Dirne dem König gefällt, die werde Königin an Basthis Statt. Das gefiel dem König, und er tat also" (Esther 2, 2—4). Der König war belustigt, aber er gab seine Erlaubnis, und die Suche begann. Ein Schönheitswettbewerb ist angebracht, eine Frau zu finden, wenn das schöne Aussehen alles ist, was man sucht. Aber unser allmächtiger Gott wollte Ahasveros noch ein Gutteil mehr geben als nur eine Frau mit schönem Aussehen, ob er es wollte oder nicht. Gott hatte bereits für diesen Heidenkönig eine Frau ausgewählt. Obwohl der Name Gottes nirgends in diesem Buch erwähnt ist, wird seine fürsorgende Hand deutlich erkennbar, wie sie alle Dinge der Menschen lenkt und regiert.

Dem König Ahasveros noch unbekannt, sollte die nächste Königin von Persien eine junge Jüdin sein. Sie wäre vermutlich lieber in Jerusalem bei ihren Landsleuten gewesen, aber aus uns nicht bekanntem Grund hatten ihre Eltern es abgelehnt, in die Heimat zurückzugehen, als König Cyrus 50 Jahre zuvor seine Erlaubnis dazu gab. Den Juden in der Gefangenschaft war es gestattet, sich anzusiedeln, Geschäfte zu betreiben und ein bürgerliches Leben zu führen. Nur Fünfzigtausend hatten sich deshalb dafür entschieden, nach Israel zurückzukehren.

Die Eltern dieser Jungfrau waren tot, und ihr älterer Vetter mit Namen Mardochai zog sie auf. Die Schrift sagt: „Und er war ein Vormund der Hadassa, das ist Esther, einer Tochter seines Oheims; denn sie hatte weder Vater noch Mutter. Und sie war eine schöne und feine Dirne. Und da ihr Vater und Mutter starb, nahm sie Mardochai auf zur Tochter" (Esther 2, 7). Sie war eine liebliche Jungfrau. Deshalb gab es kein Entrinnen vor den Zugriffen der Diener des Königs, die das Land nach schönen Frauen durchkämmten. „Da nun das Gebot und Gesetz des Königs laut ward und viel Dirnen zuhaufe gebracht wurden gen Schloß Susan unter die Hand Hegais, ward Esther auch genommen zu des Königs Hause unter die Hand Hegais, des Hüters der Weiber" (Esther 2, 8).

Mardochai forschte täglich nach Esthers Wohlergehen, da er ein Torhüter in dem Palast des Königs war. Er belehrte sie, niemandem ihre Nationalität bekanntzugeben, vermutlich um sie vor unfreundlicher Behandlung zu schützen, die die Juden in allen Ländern, in denen sie lebten, in ihrer ganzen Geschichte erleiden mußten. Ehrerbietig gehorchte Esther. Dann, als sie dem König vorgestellt wurde, stellte sie sich nicht besonders zur Schau, um dem König zu gefallen, wie es die anderen Mädchen getan hatten. Allein ihre natürliche Gott-gegebene Schönheit und ein offensichtlicher Liebreiz des Geistes eroberten das Herz des Königs. ,,Und der König gewann Esther lieb über alle Weiber, und sie fand Gnade und Barmherzigkeit vor ihm vor allen Jungfrauen. Und er setzte die königliche Krone auf ihr Haupt und machte sie zur Königin an Basthis Statt" (Esther 2, 17).

Die Schrift erwähnt an keiner Stelle, daß Esther Ahasveros heiraten wollte. Es war ein schmeichelhaftes Angebot, aber sie muß gewußt haben, daß er alles andere als ein idealer Ehemann war, besonders wenn man bedenkt, wie er Basthi behandelt hatte. Aber wie kann man einem tyrannischen Monarchen ,,nein" sagen, ohne den Kopf dabei zu verlieren? So kam es, daß dieses einfache jüdische Mädchen die Königin des persischen Königreichs wurde. Es war eine fast märchenhafte ,,Aschenputtel"-Geschichte, unübertroffen in der Geschichte der Menschheit.

Die zeitliche Folge des Buches zeigt an, daß es ungefähr fünf Jahre später gewesen sein muß, als das Verhängnis über die Juden hereinbrach. Der, der dieses Unglück verursachte, war ein gotteslästerlicher, antisemitischer Amalekiter namens Haman, offenbar ein Nachkomme von Agag, dem König der Amalekiter, den König Saul im Ungehorsam gegen das Gebot des Herrn am Leben gelassen hatte (1. Sam. 15, 8 und 9). Als Ahasveros ihn zum ersten Minister seines Landes machte, verneigte sich jedermann im königlichen Palast vor ihm, ausgenommen Mardochai. Er wollte seine Knie nur vor Gott beugen, und das erzürnte Haman. Der leistete einen Eid, daß er nicht nur Mardochai bestrafen, sondern jeden im persischen Königreich lebenden Juden ausrotten wollte, und das erstreckte sich auch auf das Land Israel, denn es war ein Teil des persischen Weltreiches. Haman erwirkte das Einverständnis des Königs für seinen Plan, und dieser wurde mit dem Ring des Königs versiegelt, das unverbrüchliche Gesetz der Meder und Perser. Es war dies eine weitere überstürzte Entscheidung, die Ahasveros in seinem Leben noch schwer bereuen sollte.

„Da Mardochai alles erfuhr, was geschehen war, zerriß er seine Kleider und legte einen Sack an und Asche und ging hinaus mitten in die Stadt und schrie laut und kläglich. Und kam bis vor das Tor des Königs; denn es durfte niemand zu des Königs Tor eingehen, der einen Sack anhatte. Und in allen Ländern, an welchen Ort des Königs Wort und Gebot gelangte, war ein großes Klagen unter den Juden, und viele fasteten, weinten, trugen Leid und lagen in Säcken und in der Asche" (Esther 4, 1—3).

So seltsam es auch erscheinen mag, das Gebet wird niemals in diesem Buch erwähnt, ebenso wie der Name Gottes, aber wir können sicher sein, daß die Juden in ihrer Not beteten. Hingegen wird auf das Fasten Bezug genommen, und das ist in der Schrift im allgemeinen mit dem Gebet verbunden. Auch das Wehklagen wird vermutlich ein verzweifeltes Schreien nach Gott gewesen sein. Diese Juden lebten durch eigene Wahl fern von ihrem Land, außerhalb der göttlichen Segnungen, getrennt von ihrem Ort der Anbetung, und das mag der Grund sein, warum weder Gott noch das Gebet direkt erwähnt werden. Aber Gott wachte über ihnen und ihren Lebensumständen, um seinen Namen zu verherrlichen. Er tut das ebenso für uns, auch wenn wir uns dessen nicht bewußt sind.

Das führt uns zu der Erkenntnis, daß Gott eine Absicht mit seinen Anordnungen verfolgt. Dies wurde durch gegenseitige Mitteilung zwischen Esther und Mardochai offenbar. Esther schickte einen Kämmerer des Königs, um herauszufinden, warum Mardochai in Trauer war. Mardochai schickte eine Botschaft zurück und unterrichtete sie so über die ganze teuflische Verschwörung, von der sie nichts ahnte, und ermutigte sie zugleich, beim König Fürsprache einzulegen. Sie antwortete schnell und wies darauf hin, daß niemand ohne eine persönliche Einladung zum König kommen konnte, es sei denn, er sei lebensmüde. Der König hatte Esther schon einen vollen Monat nicht zu sich eingeladen. So bestand nur eine einzige schwache Hoffnung — wenn der König sie sah und sein goldenes Zepter erhob, durfte sie eintreten.

Mardochai hat vielleicht sein Bestes versäumt, weil er nicht nach Israel zurückgekehrt war, aber sein Einblick in die göttlichen Dinge war seitdem gewachsen. Er begann etwas von Gottes allmächtiger Gnade und der göttlichen Vorsehung zu begreifen, und er erkannte, daß Gott sogar die Widrigkeiten des Lebens dazu gebrauchen kann, seine Absichten auszuführen. Deshalb sandte Mardochai ein Wort an Esther: „Gedenke nicht, daß du dein Leben errettest, weil du im

Hause des Königs bist, vor allen Juden; denn wo du wirst zu dieser Zeit schweigen, so wird eine Hilfe und Errettung von einem andern Ort her den Juden entstehen, und du und deines Vaters Haus werdet umkommen. Und wer weiß, ob du nicht um dieser Zeit willen zur königlichen Würde gekommen bist?" (Esther 4, 13 und 14). Esther in ihrer Lage ist nicht sicherer als jeder andere Jude. Wenn es bekannt wird, daß sie eine Jüdin ist, wird auch ihr Leben in Gefahr sein. Mardochai ist jedoch davon überzeugt, daß Gott für sein Volk Israel Sorge tragen wird. Die Juden mögen fern von ihm sein, aber er kann sie nicht verderben lassen, denn das stände im Gegensatz zu seinen Verheißungen. Wenn er nicht Esther dazu gebrauchen kann, sie zu befreien, wird er zu anderen Mitteln greifen. Er ist ein souveräner Gott.

Wir sehen, Mardochai hat die Tatsache richtig erfaßt, daß Gott vielleicht jetzt bereit ist, ihre Entscheidung, in Persien zu bleiben, zur Verherrlichung seines Namens zu gebrauchen. „Und wer weiß, ob du nicht um dieser Zeit willen zur königlichen Würde gekommen bist?" Welch eine überragende Darstellung von der Größe unseres Gottes. Er kann nicht nur unsere Lebensumstände verändern, sondern er kann auch unsere falschen Entscheidungen und sogar unsere Sünden zum Guten wenden. Der Psalmist sagt: „Wenn Menschen wider dich wüten, so legst du Ehre ein; und wenn sie noch mehr wüten, bist du auch noch gerüstet" (Ps. 76, 11). Wenn Gott aus menschlichem Zorn göttlichen Lobpreis machen kann, dann kann er bestimmt auch unsere Sünden und Fehler zum Lobpreis werden lassen.

Das bedeutet aber keineswegs, daß wir in unserer Lebensführung den Willen Gottes außer acht lassen sollen und dann von ihm erwarten, daß er das Durcheinander wieder in Ordnung bringt. Jener Weg ist immer mit einer enormen Bürde von Unglück und Sorgen überschattet, wie viele Christen es bezeugen können. Die Folgen von bewußter Sünde können unerträglich sein. Es bedeutet vielmehr, daß wir gewiß sein können, daß Christus von dem Augenblick an, wo wir unser Leben in seine Hand legen und uns restlos ihm übergeben, einen großen Plan für uns hat. Er kann jedes Ereignis der Vergangenheit und jeden gegenwärtigen Zustand dazu gebrauchen, seinen Plan auszuführen.

Gott hat eine Absicht mit Ihnen, gerade jetzt, dort wo Sie stehen, ganz gleichgültig, wer Sie sind, wo Sie leben, mit wem Sie verheiratet sind, was Sie bisher erlebt haben oder was Ihnen in der Zukunft bevorsteht. Tatsächlich hat er Sie aus einer ganz bestimmten Absicht heraus gerade so und nicht anders geführt, „um dieser Zeit willen".

Er möchte in Ihrer gegenwärtigen Situation etwas Besonderes für Sie zur Ausführung bringen, und er möchte, daß Sie jede Gelegenheit wahrnehmen, um noch mehr in seinen göttlichen Einflußbereich hineinzukommen.

Wir sehen, die Gläubigen sind ein Teil von Gottes großem Programm auf Erden; sie sollten im Vertrauen darauf leben, daß sie ein Volk seiner Bestimmung sind. Gott will nicht, daß wir über unseren Zustand jammern und immer auf der Suche nach einem Ausweg sind. Er will geehrt sein, indem wir seine Gnade in Anspruch nehmen und in unseren gegenwärtigen Lebensumständen uns so verhalten, wie er uns haben will, und das tun, was er uns zu tun heißt. Wir müssen hier und heute, wo wir gerade stehen, jede Gelegenheit, die er uns bietet, ergreifen. Später eröffnet er uns vielleicht noch weitere Bereiche seiner Möglichkeiten, wenn es seinen Absichten dient, aber das liegt in seiner Hand. Unsere Verantwortung ist es, uns ihm anzubefehlen, wo immer wir stehen.

Esther gab eine positive Antwort auf Mardochais göttlichen Rat. Sie sandte ein Wort, das besagte: „So gehe hin und versammle alle Juden, die zu Susan vorhanden sind, und fastet für mich, daß ihr nicht esset und trinket in drei Tagen, weder Tag noch Nacht; ich und meine Dirnen wollen auch also fasten. Und also will ich zum König hineingehen wider das Gebot; komme ich um, so komme ich um" (Esther 4, 16).

Ihre Bezugnahme auf das Fasten offenbart ihr großes Vertrauen in die Macht des Gebets, besonders in der Gebetsgemeinschaft mit anderen Gläubigen. Wenn wir eine Versuchung auf uns zukommen sehen, handeln wir sicher weise, den Beistand anderer Christen durch ihr Gebet zu suchen. Wir brauchen ihnen nicht alle Nöte preiszugeben und uns in ein Gerede über alle in ihnen verwickelten Personen einzulassen. Wir brauchen nur zuzugeben, daß wir die Unterstützung unserer Freunde im Gebet nötig haben.

Mit diesem Mantel des Gebets, der uns umgibt und uns schützt, ist dann der nächste Schritt, daß wir beschließen, in unserer Lage den Willen Gottes zu tun, für welchen Preis auch immer und ungeachtet der möglichen Folgen. „Ich will zum König hineingehen", versicherte Esther, „und komme ich um, so komme ich um." Gott erwartet vielleicht auch von uns, daß wir eine unangenehme Aufgabe übernehmen. Vielleicht sollen wir vor einen Menschen hintreten, den wir lieber nicht sehen möchten, oder etwas zugeben, was wir bis dahin ängstlich versucht haben zu verschweigen, wie es bei Esther der Fall war. Aber wenn wir etwas als den Willen Gottes erkennen, müssen wir es tun. Und Gott wird es uns lohnen, so wie er Esther belohnte.

Gott wirkte auf wunderbare Weise, ja mehr noch, er bewirkte ein Wunder — zu unserer Ermutigung. Zunächst einmal legte er es dem König aufs Herz, den goldenen Zepter zu erheben, und Esther konnte sich so seinem Thron nähern. Sie sprach ruhig und mit Würde, und es waren keine eigensinnigen Forderungen oder grimmige Anschuldigungen. Anstatt mit dem Problem unbedacht und vorschnell herauszuplatzen, lud sie Ahasveros und Haman zum Abendessen ein. Beim Essen überging sie wiederum das Problem und lud dafür beide noch ein zweites Mal zum Essen am folgenden Abend ein. Sie tat dies nicht, um den König zu erweichen, und versuchte auch nicht, ihn zu beeinflussen. Sie bediente sich göttlicher Weisheit. Ehemänner und Ehefrauen können von Esther eine Lektion lernen, wie man spricht und wann man spricht. Barmherzigkeit und Takt waren die Schlüsselworte ihrer Annäherung.

Gott wirkt in ungewöhnlicher Weise. In der Nacht zwischen den Festgelagen konnte Ahasveros nicht schlafen. Er ordnete deshalb an, daß man ihm die täglichen Meldungen vorlas. Das würde ihn vielleicht zum Einschlafen bringen, wenn nichts anderes helfen konnte. Sie enthielten die Geschichte eines Mordanschlags auf ihn, den Mardochai entdeckt und aufgedeckt hatte, wofür er bis dahin noch keine Belohnung bekommen hatte (Esther 6, 1—3). Diese kleine Episode bestimmte die Ereignisse für den nächsten Tag.

Zunächst war Haman gezwungen, Mardochai für seine Königstreue zu ehren. Dann war es Zeit für Esthers zweite Abendeinladung. Während sie zusammen speisten, stellte der König an Esther die Frage: „Was bittest du, Königin Esther, daß man dir's gebe? Und was forderst du? Auch das halbe Königreich, es soll geschehen." Esthers Antwort war brillant: „Habe ich Gnade vor dir gefunden, o König, und gefällt es dem König, so gib mir mein Leben um meiner Bitte willen und mein Volk um meines Begehrens willen. Denn wir sind verkauft, ich und mein Volk, daß wir vertilgt, erwürgt und umgebracht werden. Und wären wir doch nur zu Knechten und Mägden verkauft, so wollte ich schweigen; so würde der Feind doch dem König nicht schaden." Der König war zutiefst betroffen. „»Wer ist der, oder wo ist der, der solches in seinen Sinn nehmen dürfe, also zu tun?« Und Esther zeigte mit dem Finger auf Haman, und Haman entsetzte sich" (Esther 7, 1—6).

Das Ergebnis dieses Mahls war schrecklich. Haman wurde an dem Galgen erhängt, den er für Mardochai hat bauen lassen, und Mardochai wurde zum ersten Minister von Persien befördert. Und weil der Befehl, die Juden zu töten, nicht aufgehoben werden konnte, erlaubte man ihnen, sich gegen ihre Feinde zu verteidigen. Über 75 000 ihrer erbitterten Gegner wurden geschlagen, und Gottes Volk wurde befreit. Das war nichts anderes als ein Wunder Gottes! Aber Gott liebt es, Wunder zu vollbringen für Menschen, die sich ihm anvertraut haben, die ihre Notlage als einen Teil seiner Berufung betrachten und die in ihrem Leben dort, wo sie stehen, seinen Willen tun.

Aber da ist noch eine andere Sache, die wir in dieser Erzählung beachten sollten, und das dient dem Andenken für alle Zeit. Mardochai und Esther waren beide Gott so dankbar für seine Treue, daß sie Briefe an die Juden in allen Provinzen Persiens schickten und sie davon unterrichteten, daß die zwei Tage ihrer Befreiung jedes Jahr aufs neue gefeiert werden sollten. Sie nannten es das Fest des Purim, abgeleitet von dem Wort Pur, was „Los" oder „Würfel" bedeutet. Haman hatte Würfel geworfen, um den Tag festzulegen, an dem die Juden sterben sollten (siehe Esther 3, 7; 9, 24 und 26). Gott wandelte ihn um in einen Tag des Sieges, und die Juden waren ihm dankbar für die Befreiung. Das jüdische Volk feiert das Fest des Purim bis auf den heutigen Tag. Dies ist eine bleibende Erinnerung an die Treue Gottes.

Gott ist auch in unserem Leben entscheidend am Werk, wie in Esthers Leben. Unsere augenblickliche Situation ist vielleicht gar nicht nach unserem Wunsch. Aber wir können Gott trotzdem dafür danken. Sie gibt ihm die Möglichkeit, seine allumfassende Liebe und Fürsorge zu beweisen, und sie gibt uns die Gelegenheit, ihn zu verherrlichen. Wir wollen fest daran glauben, daß er unsere Lebensumstände zum Guten wenden wird, und dann nach Möglichkeiten suchen, ihm darin zu dienen.

Wie stehen Sie dazu?

1. Warum hat Gott nach Ihrer Meinung das Buch Esther in die Bibel mit eingefügt?
2. Zählen Sie einige Probleme aus der Vergangenheit auf, bei denen Sie jetzt Gottes Wirken zum Guten erkennen können.
3. Welche gegenwärtigen Lebensumstände hätten Sie gerne geändert? Welche Gelegenheiten zur Verherrlichung des Herrn bieten sich Ihnen dabei? Wie können Sie dem Herrn in Ihrer Notlage dienen?
4. Wie können Sie sich gegenseitig helfen, die Versuchungen in Ihrem Leben zu meistern?
5. Was haben Sie aus der Beziehung zwischen Ahasveros und Esther für Ihr eigenes eheliches Zusammenleben gelernt?

10

Unmögliche Dinge geschehen

Die Geschichte von Zacharias und Elisabeth

Es hat in der Geschichte der Menschheit beinahe in jeder Kulturepoche ein Klassenbewußtsein gegeben, und die jüdische Kultur zu der Zeit Jesu bildete keine Ausnahme. Die obere Klasse jener sozialen Struktur bestand aus den Nachkommen Aarons, der amtierenden Priesterschaft. Es gab ungefähr 20 000 solcher Priester, die zu jener Zeit in und um Jerusalem herum lebten, und unglücklicherweise waren viele von ihnen stolze, scheinheilige, überaus lässige, selbstsüchtige Männer und nur in jenen äußerlichen Dingen religiös, mit denen sie bei anderen Leuten Eindruck machen konnten. Der Pharisäer in dem Gleichnis vom barmherzigen Samariter ist ein typisches Beispiel hierfür. Er betrachtete sich als zu vornehm, um einem unglückseligen Menschen, der den Räubern zum Opfer gefallen war, zu helfen.

Es gab aber einige wenige, die anders waren, und zu ihnen gehörte ein alter Priester mit Namen Zacharias. Der Name Zacharias bedeutet „Der Herr gedenkt seiner". Da nach dem Gesetz des Mose ein Priester nur eine Frau von höchstem Ansehen heiraten durfte, hatte Zacharias sich die Tochter eines anderen Priesters zur Frau erwählt. Sie war nicht nur vom Stamme Aarons, sondern sie trug auch noch den Namen seiner Frau, Eliseba oder Elisabeth, was „Schwur Gottes" heißt. Beider Namen sollten in ihrem gemeinsamen Leben mit neuem Leben und einer neuen Bedeutung erfüllt werden.

Betrachten wir zunächst einmal ihr gottesfürchtiges Beispiel. „Sie waren aber alle beide fromm vor Gott und wandelten in allen Geboten und Satzungen des Herrn untadelig“ (Luk. 1, 6). Zacharias und Elisabeth lebten beide ein Gott wohlgefälliges Leben. Sie unterwarfen sich dem Willen Gottes und gehorchten dem Wort Gottes. Sie taten es „in allen Geboten und Satzungen des Herrn“, das heißt, sie führten ein durchheiligtes Leben, anstatt eine gefällige Schau vor Menschen abzuziehen. Darin unterschieden sie sich von den meisten ihrer Zeitgenossen. Sie stellten noch nicht einmal ihren priesterlichen Status heraus. Sie lebten in einem der kleinen Dörfer in der hügeligen Gegend südlich von Jerusalem und nicht wie die anderen Priester in dem vornehmsten Teil der Stadt oder etwa in Jericho, der luxuriösen Stadt der Palmen. Sie fragten vor allem darnach, was Gott von ihnen dachte. Das Ansehen vor den Menschen war ihnen weniger wichtig. Das ist eine wichtige Grundlage, auf die man eine gute eheliche Gemeinschaft aufbauen kann. Der Grad unseres Wandelns mit Gott bestimmt unsere Fähigkeit, glücklich und harmonisch mit anderen Menschen zusammenzuleben. Und dieser Wandel mit ihm kann sich nur entfalten, wenn wir darnach trachten, ihm und nicht den Menschen zu gefallen.

Das soll aber nicht heißen, daß es zwischen Zacharias und Elisabeth keine Probleme gab. Während viele unserer Probleme aus unseren eigenen Sünden erwachsen, läßt Gott zudem einige in unser Leben eindringen aus keinem anderen Grund, als uns dadurch in unserem Wachstum zum rechten Glauben zu helfen. Zacharias und Elisabeth hatten ein großes Problem. „Und sie hatten kein Kind; denn Elisabeth war unfruchtbar, und waren beide wohl betagt“ (Luk. 1, 7). Wir können uns nur schwer vorstellen, welche tiefe Schande für sie mit ihrer Kinderlosigkeit verbunden war. Viele jüdische Rabbiner waren überzeugt, daß dies ein offensichtliches Zeichen des göttlichen Fluches sei. Während Zacharias und Elisabeth vor Gott gerecht wandelten, mögen ihre Freunde sie dennoch schwerer geheimer Sünden verdächtigt haben. Und da gab es kein Entrinnen vor diesem Makel. Der Ausdruck „wohl betagt“ bedeutete, sie waren beide zumindest über 60 Jahre alt, also gut über die Zeit des Kinder-Gebärens. Es war eine hoffnungslose Situation.

Zacharias hätte sich selbst davon befreien können, wenn er sich von Elisabeth getrennt hätte. In der damaligen Gesellschaft wurde die Unfruchtbarkeit ohne weiteres als ein Scheidungsgrund akzeptiert. Zacharias hätte sich ihrer entledigen und eine jüngere Frau heiraten können. Er hätte mit einer anderen Frau Kinder gehabt und so das Kreuz dieser Schande von seinen Schultern abgeschüttelt. Diesen Weg haben viele andere Männer in ähnlicher Situation gewählt, aber nicht Zacharias. Statt dessen betete er (siehe Luk. 1, 13). Er vertraute seine Not dem Einen an, der allein Macht über alles hat. Ich kann es zwar nicht beweisen, aber ich vermute, daß Zacharias zusammen mit Elisabeth die Familiennot vor Gott brachte und daß hierdurch ihrem Glaubensleben immer wieder neuen Auftrieb gegeben wurde. Er war zudem ein Mann des Wortes Gottes, wie es sein berühmter Lobgesang später offenbarte (Luk. 1, 67—79). So ist anzunehmen, daß Zacharias gemeinsam mit seiner Frau das Alte Testament studierte und sie daraus Trost und neuen Mut in ihrer Notlage schöpften.

Das ist der Verantwortungsbereich des Ehemanns als geistliches Oberhaupt in seiner Ehe. Vielleicht wird ihn zunächst die noch kurze Bekanntschaft mit dem Herrn daran hindern, diese Rolle hinreichend auszufüllen, aber wenn er das Wort Gottes besser verstehen lernt, wird er sich größere Sicherheit aneignen, um seine Frau durch das Wort zu ermutigen. Allzuoft muß eine Frau ihren Mann zu neuem geistlichem Wachstum drängen; sie bittet und versucht ihn zu jedem Schritt, den er nur zögernd tun will, zu bewegen. Es ist nicht Gottes Wille, daß wir andere in geistlichen Dingen bedrängen; er möchte vielmehr, daß die Ehemänner mit dem guten Beispiel vorangehen, die geistliche Führung übernehmen und ihren Frauen und Kindern in den Dingen des Glaubens an Jesus Christus dienen.

Nachdem Zacharias sein Problem Gott anbefohlen hatte, fuhr er fort mit der Aufgabe, die Gott ihm auferlegt hatte, obwohl seine Situation hoffnungslos aussah. Unser Gott ist der Gott der Unmöglichkeiten! Er vollbringt für uns menschlich unmögliche Dinge, wenn er weiß, daß wir ihm die Ehre geben. Es ist leicht, aufzugeben und vor schwierigen Lebensumständen die Flucht zu ergreifen, aber normalerweise macht es das Problem nur noch größer. Gott möchte, daß wir im gemeinsamen Gebet unsere Schwierigkeiten und Nöte vor ihn bringen, daß wir gemeinsam in seinem Wort forschen, uns neuen Mut und Weisung daraus holen und dann geduldig auf sein Eingreifen warten.

Betrachten wir zunächst den Tag, an dem Gott sich Zacharias besonders offenbarte. Er begann für ihn mit großer, freudiger Erregung. „Und es begab sich, da er des Priesteramts pflegte vor Gott zur Zeit seiner Ordnung, nach Gewohnheit des Priestertums, und an ihm war, daß er räuchern sollte, ging er in den Tempel des Herrn“ (Luk.

1, 8 und 9). Er war an der Reihe, im Heiligtum vor dem goldenen Altar den Räucherdienst zu tun, und das vielleicht zum ersten Mal in seinem priesterlichen Dienst. Die Priester waren von König David in 24 Ordnungen aufgeteilt worden, und die Ordnung des Abia, zu der Zacharias gehörte, war die achte. Jede Ordnung war aufgerufen, während eines Jahres nur zwei Wochen im Tempel Dienst zu tun. Mit beinahe 1000 Priestern in jeder Ordnung lag die Wahrscheinlichkeit nahe, daß das Betreten des Heiligtums und der Räucherdienst auf dem goldenen Altar nur eine einmalige Erfahrung im Leben der Priester war. Aber dies war Zacharias' Tag.

Als erstes durfte er sich zwei besondere Freunde erwählen, die ihm dabei halfen. Der eine von ihnen entfernte ehrerbietig die Asche des Opfers vom Vorabend. Dann betrat der zweite andächtig den heiligen Ort und legte neue brennende Kohle auf den Altar. Schließlich betrat Zacharias allein das Heiligtum, in seinen Händen das goldene Räuchfaß tragend, und breitete das Räucherwerk über die Kohle. Nachdem sich der Weihrauch entzündet hatte, stieg vom Altar eine Wolke von Wohlgeruch auf, und das Gebet der anbetenden Menge des Volkes wurde in die Gegenwart Gottes emporgetragen (Luk. 1, 10). Es war eine wunderbare symbolische Erfahrung der Anbetung.

Als das Ritual beendet war, wollte Zacharias das Heiligtum wieder verlassen. Plötzlich erschien ihm ein Engel des Herrn, zur Rechten des Räucheraltars stehend. Die persönliche Begegnung mit einem Engel Gottes ist eine Auszeichnung, die in der Geschichte der Menschheit nur einigen wenigen Auserwählten vergönnt ist. Wie wir uns sicherlich vorstellen können, war dies immer eine erschreckende Erfahrung. Aber der Engel sprach sogleich: „Fürchte dich nicht, Zacharias! denn dein Gebet ist erhört, und dein Weib Elisabeth wird dir einen Sohn gebären, des Namen sollst du Johannes heißen. Und du wirst des Freude und Wonne haben, und viele werden sich seiner Geburt freuen" (Luk. 1, 13 und 14). Gott kann unmögliche Dinge tun, und genau das war es, was er Zacharias und Elisabeth versprochen hatte. Aber ihr Kind sollte ein außergewöhnliches Kind sein. Es sollte der Vorläufer des Messias sein, der von dem Propheten Maleachi vorausgesagt worden war (Luk. 1, 15—17; siehe auch Mal. 3, 1; 4, 5 und 6).

All dies war zu unbegreiflich für Zacharias, um es fassen zu können. Er hatte für einen Sohn gebetet, aber zugegeben, sein Glaube war schwach geworden. Und nun diese Botschaft von Gott! — Das war zu groß für ihn, um wahr zu sein. Noch bevor es ihm gelang, Ordnung in seine Gedanken zu bringen und sich zu sammeln, entgegnete er: „Woran soll ich das erkennen? Denn ich bin alt, und mein Weib ist betagt" (Luk. 1, 18). Zacharias war ein Mann Gottes, aber eben auch ein Mensch mit menschlichen Schwächen. Gott versteht uns, auch wenn unser Glaube schwach wird. Er ist zwar nicht beglückt darüber, aber er hat viel Geduld mit uns, um unseren Glauben zu stärken. Das ist einer der Gründe, warum er uns sein Wort gab und warum er dieses besondere Ereignis mit in sein Wort einschließt. Gottes Wort regt unseren Glauben an, während wir darüber nachdenken, und zeigt uns, wie wir es in unserem Leben anwenden können. „So kommt der Glaube aus der Predigt, das Predigen aber durch das Wort Gottes" (Röm. 10, 17).

Zacharias kannte sich in den Schriften des Alten Testamentes aus. Er wußte, daß Gott der Sara in vorgerücktem Alter noch einen Sohn geschenkt hatte. Aber er dachte in diesem Augenblick der Not nicht an jenes vorausgegangene, große alttestamentliche Ereignis. Selbst Männer der Schrift können dabei versagen, zum richtigen Zeitpunkt die entsprechende Nutzanwendung aus ihr zu ziehen. Aber Gott erwies Zacharias große Gnade, indem er seinem Glauben einen Ansporn gab. Er gab ihm ein Zeichen. „Und siehe, du wirst verstummen und nicht reden können bis auf den Tag, da dies geschehen wird, darum daß du meinen Worten nicht geglaubt hast, welche sollen erfüllt werden zu ihrer Zeit" (Luk. 1, 20). Es war nicht sehr angenehm für Zacharias, seine Stimme zu verlieren, und dazu noch sein Gehör, wie wir später erfahren (siehe Lukas 1, 62). Aber ich glaube, daß ihn das nicht sonderlich bewegte. Seine Unfähigkeit zu sprechen und zu hören waren Gottes Bestätigung für sein Wort, und es diente dazu, seinen Glauben an die Verheißung Gottes zu stärken.

Als Zacharias sich von diesem heiligen Ort entfernte, war er ein anderer geworden. Er war schon lange ein gottesfürchtiger Mann, aber seine Begegnung mit dem Engel Gabriel gab ihm ein neues Bewußtsein von der Größe Gottes, ein neues Gefühl seiner eigenen Unwürdigkeit und einen starken mannhaften Glauben. Als die Woche seines priesterlichen Amtes vorüber war, eilte er nach Hause, um Elisabeth in allen Einzelheiten über jenen denkwürdigen Tag zu berichten, und sie freuten sich zusammen, daß Gott so gnädig mit ihnen war.

„Und nach den Tagen ward sein Weib Elisabeth schwanger und verbarg sich fünf Monate" (Luk. 1, 24). Diese Empfängnis war ein

Wunder. Unmögliche Dinge geschehen wirklich! Und Gott ist heute noch derselbe wie vorzeiten (siehe Maleachi 3, 6; Josua 1, 17). Er kann unsere Probleme lösen, und er fügte diese Geschichte ein in sein Wort, um es zu bekräftigen und um unseren Glauben zu stärken.

Die Kunde von diesem Wunder stärkte den Glauben der Jungfrau Maria. Gott sagte ihr, sie würde einen Sohn empfangen, ohne Beziehungen mit einem Mann zu haben. Das war schwer zu glauben. Aber hören wir, wie die Botschaft des Engels und seine Zusicherung an sie lautete: ,,Und siehe, Elisabeth, deine Gefreunde, ist auch schwanger mit einem Sohn in ihrem Alter und geht jetzt im sechsten Monat, von der man sagt, daß sie unfruchtbar sei. Denn bei Gott ist kein Ding unmöglich" (Luk. 1, 36 und 37). Auf diese erstaunliche Neuigkeit antwortete Maria: ,,Siehe, ich bin des Herrn Magd; mir geschehe, wie du gesagt hast" (Luk. 1, 38).

Einige Unverbesserliche werden dagegen einwenden: ,,Sie verstehen mich nicht. Meine Situation ist unmöglich." — ,,Mein Mann wird sich nie ändern." — ,,Meine Frau wird es nie lernen." — ,,Wir werden nie von unseren Schulden herunterkommen." — ,,Es wird mir nie mehr gut gehen." — ,,Meine ungläubige Geliebte wird sich nie zu Christus bekehren." — ,,Diese Tätigkeit wird immer eintönig bleiben." Hören wir doch einmal bewußt auf Gottes Wort: ,,Denn bei Gott ist kein Ding unmöglich." Sie müssen das einfach glauben; und ihm gehorsam sein. Glauben Sie Schritt für Schritt, auch auf die Zukunft hin.

Das nächste größere Ereignis im Leben dieses gottesfürchtigen Paares war der Besuch von Maria, Elisabeths jüngerer Cousine aus Nazareth. Durch diesen Besuch gewinnen wir mehr Einblick in Elisabeths innerstes Wesen. Sie war im sechsten Monat ihrer Schwangerschaft, und gerade in dem Augenblick, als ihr ungeborenes Kind in ihrem Leibe hüpfte, als wollte es — getrieben durch den Heiligen Geist — den Sohn Gottes begrüßen, suchte Maria sie auf. Da wurde Elisabeth vom Heiligen Geist erleuchtet, und sie sprach jene wunderbaren Worte: ,,Gebenedeit bist du unter den Weibern und gebenedeit ist die Frucht deines Leibes! Und woher kommt mir das, daß die Mutter meines Herrn zu mir kommt?" (Luk. 1, 42 und 43).

Ihre Worte sind aus verschiedenen Gründen ungewöhnlich. Zum einen offenbaren sie, daß Elisabeth erkannte, wer Marias Kind war. Sie nennt Maria ,,die Mutter meines Herrn". ,,Mein Herr" war eine aus Psalm 110, Vers 1 entnommene messianische Anrede: ,,Der Herr sprach zu meinem Herrn ..." Durch göttliche Offenbarung bestätigte sie, daß Maria den Sohn Gottes, den Messias, zur Welt bringen würde. Aber noch erstaunlicher als das war ihre Haltung gegenüber Maria. Sie wußte zwar, daß ihr von Gott Ehre widerfahren war, aber sie erkannte auch, daß Maria unendlich viel mehr Ehre zuteil geworden war, ja daß sie die höchste Ehre empfangen hatte, die je eine Frau auf dieser Erde empfangen konnte. Sie fühlte sich Marias Besuch nicht einmal für würdig. Solch tiefe Demut und Selbsterniedrigung sind seltene Tugenden. Und obwohl sie älter war als Maria und mit Recht hätte fragen können: „Herr, warum hast du mich nicht erwählt?" war nicht die geringste Spur von Eifersucht oder Selbstsucht in ihrem Herz. Wir können verstehen, warum Gott sie so reichlich segnen konnte.

Eifersucht ist ein zerstörerisches Gefühl. Es frißt an unserer Seele, schafft eine feindselige Atmosphäre in unseren Familien und zerstört freundschaftliche Bande. Aber einer, der auf Gott vertraut und dessen Hoffnung in ihm ruht, kann nicht eifersüchtig sein, wie wir am Beispiel von Elisabeth sehen. Wenn wir glauben, daß Gott das Beste für unser Leben will und wirken kann, und wenn wir es ihm zutrauen, daß er zu seiner Zeit und in seiner Weise unsere unlösbaren Probleme löst, wie können wir dann eifersüchtig auf einen anderen Menschen sein? Wir wissen, daß wir Gottes auserwähltes Gefäß sind, das er gebrauchen möchte, um seine besonderen Absichten mit uns zu erfüllen. Wir wissen, daß er in unserem Leben am Werk ist, unseren irdischen Lauf nach seinem Wohlgefallen zu gestalten, und es gibt keinen höheren Ruf als den, seinen Willen zu tun. Diese Zuversicht gibt uns innere Zufriedenheit, und Zufriedenheit vertreibt alle Eifersucht. Wenn wir es lernen, Gott zu vertrauen, wird die beißende Eifersucht aus unserem Leben fortgeschwemmt.

Das Letzte, das wir im Leben von Zacharias und Elisabeth betrachten wollen, ist das Wunder ihres Sohnes. Ich bin sicher, daß beide während der letzten Monate ihrer Schwangerschaft buchstäblich in den alttestamentlichen Schriften forschten und jeden Abschnitt lasen, der sich auf den Messias und seinen Vorläufer bezog. Das Volk hatte seit Jahrhunderten sehnsüchtig darauf gewartet, und Gott hatte dieses fromme und gottesfürchtige Paar auserwählt, um ein Teil dieser den Erdkreis bewegenden Geschehnisse zu sein. Von Tag zu Tag steigerte sich ihre freudige Erregung, bis „die Zeit kam, daß sie gebären sollte; und sie gebar einen Sohn" (Luk. 1, 57).

Wie es zur damaligen Zeit der Brauch war, versammelten sich

ihre Verwandten und Nachbarn, um sich mit ihnen über dieses außergewöhnliche Ereignis zu freuen, und am achten Tag zur Beschneidung des Kindes versuchten sie ihm den Namen Zacharias nach seinem Vater zu geben. Aber Elisabeth wehrte ab und sprach: „Mitnichten, sondern er soll Johannes heißen“ (Luk. 1, 60). Warum Johannes? Niemand aus den beiden Familien hatte jemals Johannes geheißen. Was war das nur für ein törichter Gedanke von Elisabeth. Deshalb wandten sie sich an Zacharias: „Und sie winkten seinem Vater, wie er ihn wollte heißen lassen. Und er forderte ein Täfelchen und schrieb also: Er heißt Johannes. Und sie verwunderten sich alle“ (Luk. 1, 62—64).

Johannes bedeutet „Der Herr ist gnädig“. Und wie sehr gnädig war er mit ihnen gewesen. Sie hatten nur um einen Sohn gebeten, um den Familiennamen zu erhalten und das Priesteramt weiterführen zu können. Gott aber gab ihnen den Vorläufer des Messias, ein Kind, auf dem vom ersten Tage an die Hand Gottes sichtbar ruhte, ein Mann, den Jesus Christus den größten unter den Menschen nennen sollte (siehe Matthäus 11, 11). Gott gibt nicht immer gemäß unserer Bitte und bestimmt nicht nach dem, was wir verdient hätten. Er gibt nach dem Reichtum seiner Gnade. Er gibt „überschwenglich über alles, das wir bitten oder verstehen, nach der Kraft, die da in uns wirkt“ (Eph. 3, 20). Und er tut es liebend gerne für Menschen, die ihm vertrauen und ihm gehorsam sind, selbst in unmöglichen Situationen.

Von der Größe Gottes und seiner alles Menschliche übersteigenden Gnade inspiriert, sprach Zacharias einen herrlichen Lobgesang aus. Er war mit dem Heiligen Geist erfüllt und sprach: „Gelobet sei der Herr, der Gott Israels! denn er hat besucht und erlöst sein Volk. Und hat uns aufgerichtet ein Horn des Heils in dem Hause seines Dieners David, wie er vorzeiten geredet hat durch den Mund seiner heiligen Propheten: daß er uns errettete von unsern Feinden und von der Hand aller, die uns hassen, und Barmherzigkeit erzeigte unsern Vätern und gedächte an seinen heiligen Bund und an den Eid, den er geschworen hat unsern Vätern Abraham, uns zu geben, daß wir, erlöst aus der Hand unsrer Feinde, ihm dienten ohne Furcht unser Leben lang in Heiligkeit und Gerechtigkeit, die ihm gefällig ist“ (Luk. 1, 68—75).

Jener Eid, den Gott Abraham geschworen hatte, nimmt Bezug auf den Bund zwischen Gott und Abraham, in welchem Gott verheißen hatte, die Nachkommen Abrahams zu segnen und sie zum Segen für den ganzen Erdkreis zu setzen. Viele Juden waren der Meinung, Gott habe sein Versprechen vergessen und hielten deshalb ihre nationale Situation für hoffnungslos. Aber Zacharias und Elisabeth hatten nie solche Gedanken gehegt. Ihrer beider Namen waren ihnen eine stete Erinnerung daran, daß „Jahwe seines Eides gedenkt". Und das Wunder vor ihren Augen zeugte von der Wahrheit der Verheißung. Gott gedenkt nicht nur seiner Verheißungen, er hält sie auch!

Vielleicht sind Sie der Meinung, der Herr habe Sie in Ihrer hoffnungslosen Situation vergessen. Keineswegs! Er handelt jeden Tag aufs neue, und vielleicht sind Sie als nächster an der Reihe. Deshalb grämen Sie sich nicht länger und verzagen nicht unter Ihrer Last. Vertrauen Sie ihm. Stehen Sie fest im Glauben und warten geduldig darauf, daß er mit seinem Werk beginnt, so wie Zacharias und Elisabeth es taten. Während ihre Namen nach der Geburt des Johannes nicht mehr erwähnt werden, haben sie uns doch ein wunderschönes Vermächtnis des Glaubens an die Verheißungen Gottes hinterlassen, dem Gott des Unmöglichen.

Wie stehen Sie dazu?

1. Zacharias und Elisabeth waren „gerecht in den Augen Gottes". Welche Dinge in Ihrem Leben stehen dem für Ihr eigenes Leben im Wege? Sind Sie gewillt, mit Gott einen Bund zu schließen, um seinen Sieg in diesen Bereichen zu erringen?
2. Warum übernehmen nach Ihrer Meinung so wenige an Christus gläubige Ehemänner die Führungsaufgabe in ihren Familien? Wie kann eine Ehefrau ihren Mann darin unterstützen, ohne an ihm herumzunörgeln?
3. Entdecken Sie in Ihrem Leben immer wieder Spuren der Eifersucht? Wenn ja, versuchen Sie, einige besondere Dinge aufzuzählen, die Gott in Ihrem Leben getan hat.
4. Welche Verheißungen in Gottes Wort können Sie nur schwer glauben? Lernen Sie sie auswendig, denken Sie darüber nach und berufen Sie sich auf Gottes Verheißungen.
5. Gibt es in Ihrem Leben einen Notstand, der unlösbar erscheint? Bringen Sie ihn im gemeinsamen Gebet vor Gott und bitten Sie ihn um Ihr geduldiges Ausharren, bis er eine Änderung herbeiführt.

11

Vertraust du mir?

Die Geschichte von Joseph und Maria

Nazareth war eine freundliche kleine Stadt, eingebettet zwischen Hügeln und Bergen, von denen man weit über die fruchtbare Ebene von Esdraelon hinwegblicken konnte. Sie bestand aus einigen kleinen weißen Steinhäusern, einer Synagoge, die man auf der höchsten Erhebung erbaut hatte, und einem Marktplatz am Eingang des Ortes. Zu Beginn der neutestamentlichen Zeit zählte man kaum mehr als 100 Einwohner. Es waren meistens Bauern, aber daneben gab es auch einige tüchtige Handwerker, deren Läden sich rund um den Marktplatz gruppierten — einen Töpfer, einen Weber, einen Färber, einen Schmied und einen Zimmermann. Das größte und bedeutsamste Ereignis in der Geschichte der Menschheit hatte jenen bescheidenen Zimmermannsbetrieb in Nazareth mit seinen dazugehörigen Menschen zum Schauplatz.

Der Zimmermann selbst, ein kräftiger Mann in der Blüte seines Lebens, mit Namen Joseph, hatte sich mit einem jungen Mädchen namens Maria verlobt, die vermutlich noch sehr jung war. Sie war ein Mädchen, auf dem die besondere Gnade Gottes lag („Holdselige", Luk. 1, 28). Sie war unter der Sünde wie wir alle, und sie gab freimütig ihren niederen Stand und ihr Bedürfnis nach Gottes gnädiger Erlösung zu (siehe Luk. 1, 47 und 48). Aber sie hatte mit brennendem Herzen Gottes Angebot der Vergebung angenommen und zu ihrem Wachstum und heiligen Wandel täglich seine unendliche Gnade in Anspruch genommen. Sie stand unter besonderem göttlichen Segen. Und sie lebte in dem Bewußtsein von Gottes Gegenwart in ihrem Leben. Der Herr war mit ihr (Luk. 1, 28). Sie lebte in einer wunderbaren Schritt-für-Schritt-Gemeinschaft mit Gott.

Trotz ihrer innigen Verbindung mit Gott war es für sie dennoch ein verwirrendes und erschreckendes Erlebnis, als der Engel Gabriel ihr mit den Worten erschien: „Fürchte dich nicht, Maria! du hast Gnade bei Gott gefunden. Siehe, du wirst schwanger werden und einen Sohn gebären, des Namen sollst du Jesus heißen. Der wird groß sein und ein Sohn des Höchsten genannt werden; und Gott der Herr wird ihm den Stuhl seines Vaters David geben; und er wird ein König sein über das Haus Jakob ewiglich, und seines Königreichs wird kein Ende sein" (Luk. 1, 30—33). Sie fragte den Engel, und das ganz mit Recht: „Wie soll das zugehen, sintemal ich von keinem Mann weiß?" (Luk. 1, 34). Gabriel bezeugte ihr das übernatürliche Eingreifen Gottes, wodurch dies unglaubliche Wunder geschehen würde: „Der Heilige Geist wird über dich kommen, und die Kraft des Höchsten wird dich überschatten; darum wird auch das Heilige, das von dir geboren wird, Gottes Sohn genannt werden" (Luk. 1, 35).

Das war unglaublich, ein Wunder, das alles in der menschlichen Geschichte übertraf, aber es konnte durch die übernatürliche Kraft Gottes vollbracht werden, und Elisabeths wundersame Schwangerschaft wurde durch den Engel als Beweis hierfür angeführt. Nun lag die Entscheidung bei Maria: die Entscheidung, Gott zu widerstehen oder Gottes willige Magd zu werden, durch die er seinen Plan ausführen konnte. Und diese Entscheidung ist im Grunde eine Sache des Vertrauens. Im Verlauf der Geschichte betrachten wir vor allem andern Marias Vertrauen zu Gott.

„Welch eine Ehre", denken Sie vielleicht, „zur Mutter des Messias auserwählt zu sein. Wie hätte Maria das ablehnen können?" Einen Augenblick! Vielleicht sagen Sie dies nur, weil Sie den Ausgang der Geschichte kennen. Aber versetzen Sie sich bitte für einen Moment in Marias Lage. Sind Sie der Meinung, daß es für alle glaubwürdig ist, dieses Kind sei vom Heiligen Geist empfangen? Meinen Sie nicht auch, daß die Mehrzahl der Leute daraus vielmehr folgern mußte, daß Maria damit eine Affäre mit einem der römischen Soldaten zudecken wollte? Der römische Verwaltungsrat hatte nur vier Meilen nordwestlich von Nazareth seinen Sitz, und zwar in Sepphoris, und römische Soldaten waren häufig in den Straßen Nazareths zu sehen. Andere meinten daraus schließen zu müssen, daß Maria und Joseph zu weit in ihren Beziehungen zueinander gegangen waren und gegen das Gebot Gottes verstoßen hatten. Bestand nicht in dem einen wie auch in dem andern Fall die Möglichkeit, daß man Maria deshalb wegen Unzucht steinigen würde?

Und wie stand es um Joseph? Er wußte doch, daß er für Marias Zustand keine Verantwortung trug. Was würde er sagen? Würde er immer noch gewillt sein, sie zu heiraten? War Maria gewillt, ihn aufzugeben, wenn es soweit kommen würde? Und was ist mit dem Kind? Würde es nicht sein ganzes weiteres Leben den Stempel des Unrechts tragen müssen? In jenem kurzen Augenblick der Gegenwart des Engels wurden plötzlich in Marias Geist alle ihre Zukunftswünsche lebendig, und sie mußte ahnen, daß alles ganz anders verlaufen würde.

Eine Frage bewegte schließlich Marias Sinn: „Kann ich Gott vertrauen, daß er jedes Problem, das auftaucht, löst, wenn ich mich seinem Willlen unterwerfe?" Maria hatte bis dahin in der Fülle göttlicher Gnade gelebt. Sie hatte sich ihrer innigen persönlichen Verbindung mit dem Herrn gefreut. Aber nun stellte er sie vor die größte Frage im Leben aller Glaubenden, die mit dem Herrn wandeln: „Vertraust du mir wirklich?"

Maria war eine feinsinnige und nachdenkliche Frau. Zweimal wird uns von ihr berichtet, daß sie Gottes Wort und Weisung in ihrem Herzen bewegte (siehe Luk. 2, 19 und 51). Aber hier nahm sie sich nicht viel Zeit für ihre Entscheidung. Sie antwortete unmittelbar: „Siehe, ich bin des Herrn Magd; mir geschehe, wie du gesagt hast" (Luk. 1, 38). Sie hatte entschieden, sich Gottes Willen zu fügen und ihm mit allen Konsequenzen zu vertrauen. Die Unterwerfung unter den Willen Gottes schließt fast immer ein gewisses Risiko ein. Aber Gott hat verheißen, alles für uns zum Guten zu wenden. Wenn wir uns eines Lebens in seinem Frieden und in seiner Kraft erfreuen wollen, bleibt uns keine andere Alternative, als dies zu glauben.

Die Bereitschaft, Gott zu gehorchen und ihm kompromißlos zu vertrauen, ist ein Grundstein für eine gute Ehe. Jeder andere Mann ist fähig, seine Frau zu verlassen. Aber Gott möchte, daß ein christlicher Ehemann seine Frau über alles setzt — ausgenommen Christus — und daß er sie so liebt, wie Christus die Gemeinde liebt, und ihm unbedingtes Vertrauen schenkt, daß er weit mehr Befriedigung und Glück schenken kann als alles, was sonst das Leben zu bieten hat. Andere Frauen mögen im Beruf ihre Erfüllung finden, aber Gott möchte, daß eine christliche Ehefrau sich ihrem Mann mit einem sanftmütigen und stillen Geist unterwirft und auf Gott vertraut, daß er ihre Ehe bereichert und ihr hierdurch Erfüllung in ihrem Leben schenkt. Gott stellt auch uns die Frage, die er Maria gestellt hat: „Vertraust du mir wirklich?"

Vertrauen zu Gott ist jedoch nur der Anfang einer guten Ehe. Da muß auch ein tiefes gegenseitiges Vertrauen vorhanden sein, und kein Mann wurde mehr im Hinblick auf sein Vertrauen zu dem Mädchen, das er heiraten wollte, geprüft als Joseph. Betrachten wir sein Vertrauen zu Maria. Die zeitliche Folge wird hier nicht deutlich. Ob Joseph von Marias Schwangerschaft wußte, bevor sie zu Elisabeth nach Judäa aufbrach, kann nicht festgestellt werden. Aber drei Monate später, nach ihrer Rückkehr, konnte das Geheimnis nicht mehr länger verborgen bleiben (siehe Luk. 1, 56 und Matth. 1, 18). Sprach Maria mit Joseph über das Wunder ihrer Empfängnis? Hatte er Mühe, ihre Geschichte zu glauben, obwohl er sie innig liebte? Oder hat er sie bereitwillig angenommen? Geschah seine Entscheidung, sein Verlöbnis zu brechen, weil er ihre Worte bezweifelte, weil er sich für unwürdig hielt, die Mutter des Messias zu heiraten, oder weil er meinte, Maria würde das Kind im Tempel aufziehen müssen? Sein Beweggrund ist nicht eindeutig klar.

Eines jedoch ist sicher. Ein Konflikt brach in Joseph aus. Gleichgültig, ob er Marias Geschichte glaubte oder nicht, andere würden es bestimmt nicht glauben, und er müßte sein Leben lang mit dem Geschwätz der Leute über seine scheinbar untreue Frau leben. Aber Joseph war ein gottesfürchtiger und auch ein barmherziger Mann. Wie immer er auch entschied, es sollte sowohl göttliche Weisheit wie auch zartes Mitgefühl für Maria widerspiegeln. Und obwohl das Herz ihm brechen wollte, gedachte er doch ruhigen Geistes, wie er sie heimlich verlassen und ihr öffentliche Schande ersparen könnte (Matth. 1, 19). Schließlich öffnete er sich der Führung des Herrn. Er bewegte tief im Gebet, welcher Schritt der richtige wäre. Da erschien ihm ein Engel des Herrn im Traum und sprach: „Joseph, du Sohn Davids, fürchte dich nicht, Maria, dein Weib, zu dir zu nehmen; denn das in ihr geboren ist, das ist von dem Heiligen Geist. Und sie wird einen Sohn gebären, des Namen sollst du Jesus heißen; denn er wird sein Volk selig machen von ihren Sünden" (Matth. 1, 20 und 21).

Es fällt uns auf, daß dieser Engel, anders als bei Maria, in einem Traum erschien. Könnte es ein vom Wunschdenken inspirierter Traum gewesen sein oder war dies wirklich eine Botschaft von Gott? Wir hegen keinen Zweifel daran, daß es von Gott war, denn die

Schrift sagt es ganz klar. Aber Joseph wußte das nicht. Er mag vielleicht zuerst daran gezweifelt haben. Aber eine wachsende Gewißheit erfüllte ihn und Vertrauen breitete sich über seine suchende Seele. Die Frage war geklärt — es spielte keine Rolle mehr, was lästernde Zungen sagen würden; Joseph glaubte!

„Da nun Joseph vom Schlaf erwachte, tat er, wie ihm des Herrn Engel befohlen hatte, und nahm sein Weib zu sich. Und er erkannte sie nicht, bis sie ihren ersten Sohn gebar; und hieß seinen Namen Jesus" (Matth. 1, 24 und 25). Es war dies vermutlich der größte Akt des Vertrauens, der jemals zwischen einem Mann und einer Frau geleistet wurde.

In Wahrheit ist jede Ehe eine auf Vertrauen gegründete Verbindung. Wenn wir vor dem Altar stehen und hören, wie unser zukünftiger Ehegefährte verspricht, allen anderen zu entsagen und nur uns allein anzuhangen, glauben wir es. Wenn wir das heilige Versprechen hören, uns in guten wie in schlechten Tagen zu lieben, glauben wir es. Und weil wir es glauben, geben wir uns gegenseitig das Versprechen, uns ein Leben lang treu zu sein. Gegenseitiges Vertrauen ist ein weiterer Grundstein für eine gute Ehe, und es muß wachsen während des gemeinsamen Weges.

Vertrauen macht uns fähig, unserem Ehepartner unsere innersten Gedanken und Gefühle mitzuteilen. Es läßt uns glauben, daß dies Wissen niemals gegen uns ausgenutzt werden wird und bestärkt uns in unserem Glauben, daß wir in jedem Fall geliebt und angenommen sind, vielleicht sogar um so mehr wegen unserer Aufrichtigkeit. Vertrauen läßt kein Gefühl des Zorns oder der Eifersucht aufkommen. Vertrauen heißt, unserem Ehepartner glauben, wenn er uns sagt, wo er gewesen ist und was er denkt, oder wenn er uns erklärt, was er mit dem, was er gesagt hat, ausdrücken wollte.

Vertrauen stellt uns unter die Güte unserer Frau oder unseres Mannes. Es macht uns ganz und gar verwundbar, und man kann es mißbrauchen. Wenn wir jemand vertrauen und später herausfinden, daß wir betrogen worden sind, fühlen wir uns zum Narren gehalten und gedemütigt. Aber haben wir eine andere Wahl? Ohne Vertrauen kann es keine wahre Gemeinschaft geben. So bitten wir Gott um Gnade, uns das Vertrauen zu bewahren, und wir glauben, daß Gott unser Vertrauen dazu gebrauchen wird, unseren Ehegefährten — wenn es sein muß — vertrauenswürdiger zu machen. Wir sehen, es ist nicht nur der Herr, der uns jene Frage stellt. Auch unser Ehepartner könnte uns so fragen: „Vertraust du mir wirklich?"

Der Engel des Herrn erschien Joseph noch zweimal, und diese Erscheinungen offenbaren ein weiteres Element des Vertrauens in die Geschichte der Geburt Christi — Marias Vertrauen zu Joseph. Joseph und Maria hatten den mühevollen Weg nach Bethlehem zurückgelegt, und die schwere Stunde der Kindesgeburt in einem Stall war vorüber. Am achten Tag nach Jesu Geburt ließen sie ihn beschneiden, wie das Gesetz es verlangte. Vierzig Tage nach seiner Geburt brachte Maria im Tempel ihr Opfer der Reinigung dar. Dann schienen sie sich in Bethlehem niedergelassen zu haben, möglicherweise mit dem Plan, hier eine neue Heimat zu finden. Einige Zeit war vergangen, als die Weisen aus dem Morgenland anreisten, um den neugeborenen König anzubeten; und sie fanden ihn in einem Haus, nicht in der Krippe, wie die meisten biblischen Berichte über die Geburt Jesu aussagen (Matth. 2, 11).

Die Weisen hatten in Jerusalem Halt gemacht, um herauszufinden, wo der Messias geboren werden sollte, und das machte König Herodes hellhörig. Er fühlte sich auf seinem Thron bedroht. Das war die Gelegenheit einer weiteren Botschaft des Engels des Herrn an Joseph, die wiederum in einem Traum an ihn erging: ,,Stehe auf und nimm das Kindlein und seine Mutter zu dir und flieh nach Ägyptenland und bleib allda, bis ich dir sage; denn es ist vorhanden, daß Herodes das Kindlein suche, dasselbe umzubringen“ (Matth. 2, 13). Noch während der Nacht sammelte Joseph seine Habseligkeiten zusammen, nahm Maria und Jesus, und sie brachen nach Ägypten auf. Dort blieben sie bis zum Tod des Herodes. Dies ist beachtenswert. Maria tritt in der Weihnachtsgeschichte besonders hervor, Joseph jedoch ist es, dem Gott seine Weisungen erteilte. Er war das Haupt seiner Familie, und er erhielt den Auftrag, Jesus vor dem Zorn des Herodes zu bewahren. Maria vertraute seinem Entschluß.

Dies war keine Erholungsreise in den Süden des Landes, wohlgemerkt. Es war eine Wanderung von ungefähr 200 Meilen zu Fuß oder auf dem Esel, über Berge, durch die Wildnis und durch die Wüste, mit einem Kind, das weniger als zwei Jahre alt war. Die meisten Mütter können nachempfinden, welche Mühsal sie auf sich nehmen mußten. Maria war dazu bereit. Wenn sie Bethlehem verlassen mußten, warum sollten sie nicht zurück nach Nazareth gehen? Würden sie dort nicht genauso sicher sein? Aber es gibt keinen Hinweis in der Schrift, daß Maria in irgendeiner Weise Josephs Entscheidung in Frage gestellt hätte. Und noch einmal geschah es. Nach dem Tode des Herodes sprach der Engel zu Joseph in Ägypten: ,,Stehe auf und nimm das Kindlein und seine Mutter zu dir und zieh hin in das Land Israel; sie sind gestorben, die dem Kind nach dem Leben standen" (Matth. 2, 20). Wieder gehorchte Joseph sofort; und wieder vertraute Maria, daß Joseph das Richtige tun würde.

Wie wir bereits im Leben von Abraham und Sara sahen, bedeutet für eine Frau diese Unterwerfung zugleich, Gott zu vertrauen, daß er durch ihren Gatten das Beste für sie wirkt. Aber das ist nicht allzu schwierig, wenn sie weiß, daß ihr Mann zu ihrem Besten handelt und seine Weisungen vom Herrn empfängt, so wie Joseph es tat. Es scheint, daß Joseph nach Bethlehem in Judäa zurückkehren wollte, sich dann aber davor fürchtete, als er hörte, daß Herodes' Sohn an seiner Stelle dort regierte. Wieder gab Gott ihm Weisungen, und er zog nach Nazareth, wo Marias Eltern lebten (Matth. 2, 22 und 23). Joseph traf seine Entscheidungen im Einklang mit dem Willen Gottes.

Wir haben kein Recht dazu, von unseren Frauen Unterordnung zu verlangen, wenn wir eigenmächtig unsere eigenen Meinungen und unseren selbstsüchtigen Willen durchsetzen wollen oder das tun, was offensichtlich uns allein nützlich ist. Aber wenn wir klare Weisungen von Gott haben, die für alle Betroffenen das Beste bewirken und sie in allen Einzelheiten mit unseren Frauen durchsprechen, dann werden sie bereit sein, sich ohne Zögern unterzuordnen. Wir haben eine Verpflichtung unseren Frauen gegenüber, sie den Weg der Wahl Gottes und nicht unserer eigenen zu führen. Wir müssen es lernen, den Herrn um jede Entscheidung zu befragen und Zeit zum Gebet aufbringen, seine Weisheit zu ergründen und in seinem Wort nach den Grundsätzen für unsere Leitung zu forschen, dann können wir getrost auf die ein für allemal gemachte Zusicherung seines Friedens warten.

Und wenn wir ein bedingungsloses Verlangen haben, ungeachtet unserer eigenen persönlichen Vor- oder Nachteile allein den Willen Gottes zu tun, wird er uns davor bewahren, schwerwiegende Fehler zu machen, die Unglück über unsere Familien bringen. Dann werden unsere Frauen freimütig und voll Vertrauen unserer Führerschaft folgen. Vertrauen ist keine leichte und automatische Reaktion. Es muß sich entwickeln, insbesondere bei denen, die tief verletzt wurden. Wir können anderen dabei helfen, ein stärkeres Vertrauen zu uns zu entwickeln, indem wir unsere Hingabe an den Willen Gottes noch vertiefen. Wenn sie sehen, daß wir uns ihm ganz ausgeliefert haben, werden sie fähig sein, uns zu vertrauen.

Wie stehen Sie dazu?

1. Versuchen Sie, sich in Marias Lage zu versetzen, als sie von ihrer Jungfrauenempfängnis erfuhr. Was empfinden Sie dabei?
2. Haben Sie irgendwann einmal in Ihrem Leben Ihre Zukunft und alle Ihre Träume Gott anbefohlen, daß er alles nach seinem Wohlgefallen vollenden wird? Sollten Sie diese Entscheidung vielleicht noch einmal erneuern?
3. Gibt es Bereiche in Ihrem Leben, die Sie aus Angst vor möglichen Folgen Gott nicht ausgeliefert haben? Wollen Sie sie nicht ihm anheimstellen und ihn bitten, Ihnen das nötige Vertrauen zu ihm zu schenken?
4. Versuchen Sie, sich in Josephs Lage zu versetzen, als er erfährt, daß das Mädchen, das er heiraten möchte, ein Kind erwartet, vom Heiligen Geist empfangen. Was empfinden Sie dabei?
5. Fallen Ihnen Situationen ein, in denen Ihre ehelichen Beziehungen von Mißtrauen belastet waren? Sprechen Sie sich gegenseitig darüber aus, und zwar offen und liebenswürdig. Haben Sie Schuld auf sich geladen in bezug auf das eheliche Vertrauen? Was können Sie tun, um Ihr gegenseitiges Vertrauen zu stärken?
6. Für Ehemänner: Fühlen Sie sich schuldig, weil Sie Ihre eigene persönliche Meinung durchsetzen wollten und dann von Ihrer Frau erwarteten, daß sie sich Ihnen unterordnet? Haben Sie gelernt, den Herrn in jeder Entscheidung um Rat zu fragen?
7. Helfen Sie anderen dabei, Ihnen mehr Vertrauen entgegenzubringen, indem Sie sich ganz dem Willen Gottes unterwerfen? Wie können Sie sich noch völliger dem Willen Gottes hingeben?

12

Wir wollen aufrichtig sein

Die Geschichte von Ananias und Saphira

„Wir gehören uns, und das ist die Hauptsache“, prahlte das liebestrunkene Paar kurz nach ihrer Hochzeit. Aber sie mußten die Erfahrung machen, daß es niemals so sein kann. Ein christlicher Ehemann und seine Frau leben auf keiner einsamen Insel. Sie sind Teil einer größeren Einheit, die man den Leib Christi nennt (Eph. 1, 22 und 23), die Hausgenossen des Glaubens (Gal. 6, 10), die Hausgenossen Gottes (Eph. 2, 19). Gottes Familie ist viel umfassender als irgendeine einzelne Familieneinheit, und schon bald machen wir die Erfahrung, daß unsere Beziehung zu dieser größeren geistlichen Familie unsere eheliche Beziehung zueinander prägt. Niemals trat dies deutlicher zutage als in der Geschichte von Ananias und Saphira.

Sie lebten in den Tagen in großer Heiligkeit und Vollmacht innerhalb der Gemeinde. Betrachten wir zunächst einmal vor allem anderen den Zustand der Gemeinde in jenem erregenden apostolischen Zeitabschnitt. „Die Menge aber der Gläubigen war ein Herz und eine Seele; auch keiner sagte von seinen Gütern, daß sie sein wären, sondern es war ihnen alles gemein“ (Apg. 4, 32). Dies ist höchst erstaunlich. Die Zahl der Gläubigen belief sich zu dieser Zeit vermutlich auf fünftausend und mehr, und dennoch waren sie ein Herz und eine Seele. Das Herz wird manchmal in der Schrift in einem weiter gefaßten Sinn für das umfassende innere Leben des Menschen gebraucht und bezieht sich sowohl auf den Geist als auch auf die Seele. Aber im Unterschied zur Seele nimmt es hier — wie es wohl zu verstehen ist — nur auf den Geist Bezug, das heißt auf den innersten Kern des Menschen, das Zentrum seines Seins, dem Gott sich offenbart und in dem Gott wohnt. Jene frühen Christen verspürten im tiefsten Innern ihres Lebens ein geistliches Band. Sie waren in ihrem Geist mit den Banden des Lebens und der Liebe Christi innig miteinander verbunden. Sie wußten, sie gehörten zusammen wie Brüder und Schwestern in Christo.

Aber die Schrift fährt fort und sagt, daß sie auch eine Seele waren, und das ist etwas völlig anderes. Die Seele ist die bewußte Lebenskraft im Menschen, seine Persönlichkeit, die aus seinem Verstand, aus seinen Gefühlen und seinem Willen besteht. Dies ist die Ebene der Gedanken, der Empfindungen und der Entscheidungen. Es ist der Bereich der Erfahrung. Jene frühen Christen waren nicht nur eins, weil sie alle in Christo waren, sondern sie waren auch in ihrer Erfahrung eins. Sie dachten gleich, sie hatten tiefe Gefühle füreinander, und sie trafen Entscheidungen, die von ihrer gegenseitigen Fürsorge und ihrem Mitempfinden bestimmt waren. Es war nicht so, daß sie sich in ihren Gottesdiensten trafen und dann nach Hause gingen und ihre Brüder und Schwestern vergaßen. Da ihre Gemeinde groß war, wenn sich alle im Vorhof des Tempels zusammenfanden, bildeten sie daneben auch kleinere Gruppen, Hauskreise, um sich gegenseitig besser kennenzulernen und um sich füreinander noch mehr einsetzen zu können (siehe Apostelgeschichte 2, 46).

Ihre Nächstenliebe ging so weit, daß sie ihr Geld gemeinsam verwalteten — ein besonderes Zeichen wirklicher Nächstenliebe! Sie erkannten, daß alles, was sie besaßen, Gott gehörte, daß es ihnen nicht ausschließlich für ihren Eigenbedarf, sondern für alle Mitgläubigen anvertraut war. Es wurde ihnen dabei keinerlei Zwang auferlegt. Jeder Gläubige war frei, Eigentum zu besitzen, so wie es ihm beliebte, und keiner hätte ihn dafür geringer geachtet. Aber die meisten von ihnen verkauften ihre materiellen Güter und gaben das Geld den Aposteln, damit sie es unter diejenigen verteilen konnten, die wegen ihres Glaubens besondere Not litten. Sie opferten ihre eigenen Bequemlichkeiten und Annehmlichkeiten für das Wohl aller.

Das Ergebnis dieses uneigennützigen Geistes war große Kraft und die Fülle göttlichen Segens für die ganze Gemeinde. „Und mit großer Kraft gaben die Apostel Zeugnis von der Auferstehung des Herrn Jesu, und war große Gnade bei ihnen allen“ (Apg. 4, 33). Eine fürsorgliche Gemeinde ist eine starke Gemeinde, denn es liegt dynamische Energie in der göttlichen Liebe. Jesus hat gesagt, daß diese Art Liebe das Kennzeichen echter Jüngerschaft ist (Joh. 13, 35). Wo sie gegenwärtig ist, zieht sie dürstende Menschen an, wie eine Oase mitten in der Wüste.

Sie zog auch ein Paar namens Ananias und Saphira an, denn sie werden unter jener kraftvollen, fürsorgenden Gemeinschaft von Gläubigen aufgezählt. Saphiras Name bedeutet „wunderschön“ oder „wohlgefällig“, derselbe Name, den man dem Saphir, jenem wertvollen Stein aus tiefem Purpurblau, gegeben hat. Ananias bedeutet „Jahwe ist gnädig“, und Gott war gewiß gnädig mit ihm. Er hatte ihm eine liebende, schöne Frau gegeben, ihn mit materiellem Besitz gesegnet, hatte ihm seine Sünden vergeben und brachte ihn in die Gemeinschaft mit Menschen, die Gott in Wahrheit anbeteten. Ein Mann hätte sich kaum mehr wünschen können.

Aber Ananias und auch Saphira wünschten sich in der Tat mehr. Sie wollten mehr als Anerkennung; sie wollten Beifall. Sie wollten mehr sein als nur Glieder des Leibes; sie wollten führende Glieder des Leibes sein. Sie wollten das Lob von Menschen. Und das führt uns in unserer Betrachtung zu der Sünde von Ananias und Saphira. Entschiedene und selbstlose Gläubige erfahren oftmals die Bewunderung und Anerkennung von anderen Christen. Wenn sie geistlich gesinnte Menschen sind, ist ihre Triebkraft aber nicht das Verlangen nach Ehrungen und der Beifall von Menschen. Die Christen in der frühen Gemeinde, die ihren Besitz verkauften und das Geld der Gemeinde gaben, ernteten dafür vermutlich begeisterte Anerkennung der ganzen Gemeinde. Barnabas war einer, der alles opferte (Apg. 4, 36 und 37). Bei ihm war es kein theatralisches Schauspiel. Es lag nicht der geringste Zug fleischlichen Stolzes darin. Sein einziger Gedanke war das Bedürfnis anderer Christen und die Verherrlichung Gottes. Aber die Anerkennung war verlockend. Ananias und Saphira sehnten sich darnach, und hier beginnt ihr Unglück.

Das Begehren nach menschlichem Beifall war Beweis genug, daß sie mehr im fleischlichen als im geistlichen Bereich handelten. Das wird für uns noch klarer erkennbar, wenn wir erfahren, daß sie in bezug auf ihre Zukunft mehr ihren Ersparnissen als dem Herrn vertrauten. Sie konnten es nicht übers Herz bringen, das zu tun, was die anderen taten — Gott ihr ganzes Hab und Gut zu geben und ausschließlich seiner Treue zu vertrauen, daß er ihren Bedürfnissen begegnen würde. Sie mußten das Geld für sich behalten. Und diese beiden Ausdrucksformen der Fleischlichkeit, ihr Verlangen nach Lob und ihr Vertrauen in materielle Güter, brachten sie in eine schwierige Situation. Wie konnten sie ihr Verlangen stillen, daß die Gemeinde ihnen zujubelte, ohne restlos alles auf den Opferaltar zu legen? Schließlich hatten sie einen Plan und gebrauchten eine List.

„Ein Mann aber mit Namen Ananias samt seinem Weibe Saphira verkaufte sein Gut und entwandte etwas vom Gelde mit Wissen seines Weibes und brachte einen Teil und legte ihn zu der Apostel Füßen" (Apg. 5, 1 und 2). Sie arbeiteten gemeinsam einen Plan aus, wie sie einen Teil des Erlöses aus ihrem Besitz für ihren eigenen Bedarf in Sicherheit bringen konnten; den Rest wollten sie den Aposteln geben. Sie brauchten — so meinten sie — ja nicht unbedingt zu sagen, daß sie den ganzen Erlös darbrachten; sie wollten nur so tun als ob. Und bald würden sie den Beifall aller als geistlich gesinnte, aufopferungsvolle Gläubige empfangen, die alles Jesus Christus übergeben hatten.

Was war so grundlegend falsch an ihrem Plan? Sie hatten eigentlich niemand belogen. Sie gaben das Geld und sagten nichts darüber, wieviel Prozent vom Gesamtpreis es war. Sie konnten schließlich nichts dazu, was andere Leute dachten, so meinten sie. Offenbar aber konnten sie doch etwas dazu beitragen. Petrus, getrieben vom göttlichen Geist der Erkenntnis, rechnete ihre Methode dem Satan zu und nannte es Lüge gegen den Heiligen Geist (Apg. 5, 3). Er legte dar, daß sie keiner Verpflichtung unterlagen, ihren Besitz zu verkaufen. Und selbst nachdem sie ihn verkauft hatten, waren sie nicht verpflichtet, das ganze Geld der Gemeinde zu geben. Aber sie waren verpflichtet, aufrichtig zu sein, auch in ihrer Gesinnung (Apg. 5, 4). Die Hauptsünde von Ananias und Saphira war Unaufrichtigkeit, Betrug, Heuchelei, Vorspiegelung falscher Tatsachen, Vortäuschen eines Falschbildes von sich selbst, indem sie größere geistliche Reife vorgaben, als sie tatsächlich besaßen, so daß die Leute höher von ihnen dachten, als sie es in Wirklichkeit waren. Sie waren mehr am äußeren Schein als am Tatsächlichen interessiert. Petrus sagte: „Du hast nicht Menschen, sondern Gott belogen" (Apg. 5, 4).

Haben wir uns schon einmal Gedanken darüber gemacht, wie die eheliche Beziehung von Ananias und Saphira zueinander war? Während sie ein hervorragendes Einssein in ihrem betrügerischen Plan zur Schau trugen, muß ihre Heuchelei zwangsläufig ihre Ehe beeinträchtigt haben. Wenn uns äußerer Schein wichtiger ist als die Wirklichkeit, müssen die Menschen, mit denen wir leben, darunter leiden. Sorgfältig verschleiern wir vor anderen die Schwächen des Fleisches, doch hinter den Mauern unseres Heimes wähnen wir uns in Sicherheit und neigen dazu, uns gehenzulassen, und all unser Zorn, unser Temperament, all unsere Unfreundlichkeit und Rücksichtslosigkeit, unsere selbstsüchtigen Forderungen, all unser Stolz und unser kindisches Benehmen kommen dort allzuoft zum Ausbruch. Das Ergebnis ist, daß viele christliche Familien in Zank und Streit verwickelt sind. Aber wenn ein besorgter Christ, der uns vielleicht helfen könnte, es wagt, uns zu fragen, wie die Dinge zu Hause stehen, haben wir schnell die Antwort bereit: „O, einfach großartig, perfekt. Ja, bestimmt, wir kommen besser zusammen aus als je zuvor." Und wir entschuldigen unsere Unaufrichtigkeit, indem wir uns einreden, daß unser Familienleben Privatsache sei und niemand außer uns selbst etwas angeht. Aber die Unaufrichtigkeit erhöht nur die Last unserer Schuld, und die Schuld führt zu noch mehr Abwehrstellung und Gereiztheit, und die Gereiztheit erzeugt noch mehr Zwietracht und Uneinigkeit in der Familie. Das ist ein besonderer Schachzug Satans.

Das fleischliche Streben nach Lob und bevorzugter Stellung, wie es Ananias und Saphira an den Tag legten, kann auch in anderer Weise eine eheliche Beziehung negativ beeinflussen. Es verleitet beide Partner dazu, in eigensüchtiger Weise um den Vorrang zu wetteifern und den größeren Vorteil für sich selbst zu suchen. Man gibt von sich selbst, nur um etwas zurückzubekommen, und für gewöhnlich beobachtet man sehr genau, wieviel jeder erhält. Wenn man meint, zu kurz zu kommen, nörgelt man und beschwert sich so lange, bis man bekommt, was einem nach seiner Meinung zusteht. Jeder Partner registriert genau, wer am meisten gibt, wer am meisten Aufmerksamkeit erhält, wer am meisten Anerkennung zeigt, wer die meisten Fehler hat oder was es sonst noch an armseligen Streitobjekten gibt. Das Verlangen beider Partner, besser dazustehen als der andere, verleitet dazu, eine Maske aufzusetzen, um sein wahres inneres Wesen zu verbergen. So verschanzt man sich noch fester hinter seiner unheilvollen Heuchelei.

Seien wir doch aufrichtig! Trachten wir doch nach absoluter Geradlinigkeit und klar durchschaubarem, ehrlichem Wesen. Das ist der einzige Weg, um aus diesem Teufelskreis auszubrechen. Wenn wir jemand unsere wahren Gefühle und Beweggründe anvertrauen, wenn wir unsere Fehler, so wie sie sind, zugeben und bitten, für uns zu beten, wird es uns ein hilfreicher Ansporn sein, Gottes Kraft zur Erneuerung unseres alten Menschen in Anspruch zu nehmen. Wir wissen, daß eines Tages jene Person unseres Vertrauens uns fragen wird, wie die Dinge sich entwickelt haben, und wir werden ihm aufrichtig antworten müssen. Wir werden uns bemühen müssen, bereit zu sein, wenn es an der Zeit ist, denn mit unserer wachsenden Aufrichtigkeit wird auch ein wachsendes Interesse an der Ehre Gottes und an dem Zeugnis der Gemeinde Christi kommen. So werden wir dem Geist Jesu Christi erlauben, in uns zu wirken, damit er uns in sein Ebenbild gestalten kann. Dann werden wir imstande sein, mit dem falschen Spiel von Lug und Trug zu brechen. Wir werden wahrhaftig sein!

Männer und Frauen können anfangen, in ihren ehelichen Beziehungen aufrichtig miteinander zu sein. Sie können sich gegenseitig mitteilen, was in ihnen vorgeht, und sich dann Mut zusprechen und für ihre Schwächen gemeinsam beten. Sie müssen aber auch Gott gegenüber aufrichtig sein. Wenn ihre innere Einstellung zu ihm falsch ist, und selbst wenn sie darin beide gemeinsam irren, müssen sie dies frei und offen dem Herrn bekennen und es ablehnen, immer wieder neue Entschuldigungen dafür vorzubringen. Erst dann werden sie fähig sein, im geistlichen Bereich zu wachsen. Ananias und Saphira waren sich sicher einig in ihrem betrügerischen Plan, aber offenbar haben sie weder vor sich selbst noch vor Gott ihre Sündhaftigkeit bekannt. Wenn Mann und Frau in der Kunst der Verstellung gemeinsame Sache machen, wird das sie irgendwann zerstören.

Betrachten wir schließlich die Bedeutung ihrer Züchtigung. Petrus rief nicht das Strafgericht vom Himmel herab, wie einige vermutet haben. „Da Ananias aber diese Worte hörte, fiel er nieder und gab den Geist auf“ (Apg. 5, 5). Es war die züchtigende Hand Gottes. „Es standen aber die Jünglinge auf und taten ihn beiseite und trugen ihn hinaus und begruben ihn“ (Apg. 5, 6). Wir wissen nicht, wie sie Ananias begraben konnten, ohne daß Saphira es erfahren hatte, aber die Toten mußten in jenen Tagen schnell begraben werden, und vielleicht konnten sie Saphira nicht so schnell ausfindig machen. Sie war vielleicht gerade unterwegs und gab das Geld aus, das sie in betrügerischer Absicht zurückbehalten hatten.

Drei Stunden später trat sie hinzu und suchte nach ihrem Mann, ungeachtet dessen, was inzwischen ruchbar geworden war. Petrus gab ihr eine Gelegenheit, ehrlich zu sein. „Sage mir, habt ihr den Acker so teuer verkauft?“ fragte er und nannte die Summe, die Ananias ihm überbracht hatte. Saphira entschied sich für denselben falschen Kurs, den auch ihr Mann eingeschlagen hatte. Ohne auch nur einen Augenblick zu zögern, antwortete sie: „Ja, so teuer“ (Apg. 5, 8). Und Petrus machte ihr klar, daß sie das gleiche Schicksal treffen würde, das schon Ananias heimgesucht hatte.

Wir beugen uns vor diesem Beispiel unerbittlicher göttlicher Züchtigung. Vielleicht sind wir sogar geneigt, Gott übertriebene Strenge vorzuwerfen. Warum tat er das? Er scheint heute nicht mehr so zu handeln. Wir können dafür dankbar sein! Damals wurde die Gemeinde Jesu gegründet. Bis dahin hatte es noch keine so krassen Äußerungen der Fleischlichkeit unter den Christen gegeben, und Gott offenbarte seinen Widerwillen, damit dies als ein abschreckendes Beispiel die Gemeinde schreckte. Von Anfang an wollte er die Gemeinde wissen lassen, wie sehr ihm die Heuchelei ein Greuel ist, und er wollte, daß dies für alle Zeiten bekannt bleibt. Das ist der Grund, warum dieser Bericht mit in sein Wort eingefügt ist.

Scheinheiligkeit ist gefährlich. Jedes Glied der Gemeinde, das in der Kraft des Fleisches statt des Geistes handelt und das zum Lob der Menschen statt zur Ehre Gottes lebt, schwächt die Vollmacht der Gemeinde Christi. Hätte Gott es zugelassen, daß Ananias und Saphira ihr scheinheiliges Spiel ungestraft treiben konnten, wäre damit das Zeugnis der frühen Kirche geschwächt worden. Er mußte entschieden handeln.

Es ist traurig, daß allmählich die Reinheit der Kirche getrübt wurde, und wir entfernen uns immer mehr von der Einzigartigkeit des apostolischen Zeitalters, so daß es uns schwer fällt, unsere Heuchelei überhaupt noch zu bemerken. Unter Heuchelei verstehen wir das vorsätzliche und bewußte Bemühen, zu betrügen, so wie Ananias und Saphira es taten, und es mag sein, daß wir — wenn wir das gleiche tun — uns dessen nicht einmal mehr bewußt sind. Wir sind vielleicht einer unbewußten Gewohnheit verfallen, unser frommes Bild abzuschirmen, unsere Weltlichkeit zuzudecken und vor anderen Leuten zu verbergen, was in unseren Herzen und unseren Familien vor sich geht. Das ist im allgemeinen leichter, als sich Christus ganz auszuliefern und ihn in uns lebendig werden zu lassen, damit er uns nach seinem Willen verändern kann. Diese Art der Heuchelei ist in der Gemeinde von heute eine moderne Lebensform geworden und vielleicht der Grund dafür, daß wir in unserer gottlosen Gesellschaft so wenig Überzeugungskraft besitzen.

Eine eindringliche Frage beschäftigt unseren Geist, nachdem wir den Vorhang aufgezogen haben, um das Leben von Ananias und Saphira näher zu betrachten. Was ist wichtiger für uns, den Schein eines geisterfüllten Lebens zu wahren oder unverfälscht das zu sein, was wir in Gottes Augen sein sollen? Nur die äußere Erscheinung pflegen führt zum Tod — tot in geistlichem Wachstum, tot in der

Brauchbarkeit für die Familie Gottes und tot in einer guten ehelichen Beziehung zueinander. Doch der Geist Gottes kann nur ehrliche Aufgeschlossenheit gebrauchen. Das erschließt uns die Fülle des Lebens, Freude, die nicht vergeht, und überströmenden Segen.

Wie stehen Sie dazu?

1. Wie hätten Ananias und Saphira den Betrug, dem sie zum Opfer gefallen sind, vermeiden können?
2. Was versuchen Christen am meisten voreinander zu verbergen?
3. Gibt es irgendwelche Dinge in Ihrem Leben, von denen Sie beide wissen, daß sie unrecht vor Gott sind? Was sollen Sie nach dem Willen Gottes tun, um das zu bereinigen?
4. Was verheimlichen Eheleute meistens voreinander?
5. Was riskieren Eheleute, wenn sie absolut aufrichtig und in ihrem Wesen transparent sind?
6. Wie zugänglich sind Sie? Fragen Sie Ihren Ehepartner, ob es ihm leichtfällt, ehrlich zu sein oder nicht. Warum oder warum nicht?
7. Gibt es Anzeichen dafür, daß einer von Ihnen in Ihren Beziehungen die Vorherrschaft sucht (Überlegenheitsgefühl)? Was können Sie dagegen tun?

13

Seite an Seite

Die Geschichte von Aquila und Priscilla

Im Jahre 52 v. Chr. erließ der römische Kaiser Claudius eine Verordnung, daß alle Juden aus der Stadt Rom ausgewiesen werden sollten. Aufgrund der Aussagen des römischen Geschichtsschreibers Sueton scheint es, daß die Juden ihre christlichen Nachbarn verfolgten und erhebliche Unruhe in der Stadt verursachten. Claudius fragte wenig nach dem Grund des Notstandes und noch weniger darnach, wer der eigentliche Anstifter war. Er wußte, es waren Juden, und das genügte ihm; so wurden alle Juden aus Rom verbannt, die Unschuldigen wie die Schuldigen.

Deshalb geschah es, daß ein Jude namens Aquila, der aus der Provinz Pontus am Schwarzen Meer nach Rom ausgewandert war, seine Habseligkeiten zusammenpackte, seinen Freunden Lebewohl sagte und sich einschiffte nach der Stadt Korinth. Ihn begleitete Priscilla, seine ihm treu ergebene Frau. Wir wissen nicht mit Sicherheit, ob sie jüdischer oder römischer Herkunft war, noch sind wir davon unterrichtet, ob sie zu jener Zeit beide Christen waren. Aber eines wissen wir — sie waren zusammen. Tatsächlich blieben sie immer beisammen. Ihre Namen werden stets gemeinsam erwähnt.

Zum einen verdienten sie sich ihren Unterhalt gemeinsam. „Sie waren aber des Handwerks Teppichmacher“ (Apg. 18, 3). In der damaligen Zeit mußte jeder jüdische Junge ein Handwerk erlernen. Deshalb hatten die Eltern von Aquila beschlossen, daß ihr Sohn dieses praktische Handwerk ausüben sollte, um damit seinen Lebensunterhalt zu verdienen. Die Teppiche wurden oft aus grobem Ziegenhaar gefertigt, und es bedurfte großer Geschicklichkeit, sie zu schneiden und zu knüpfen. Aquila hatte sich diese Fingerfertigkeit angeeignet und das später wohl auch seiner Frau beigebracht.

Nicht jeder Eheman kann so mit seiner Frau zusammenarbeiten. Es setzt eine herangereifte Verbindung voraus, um so eng unter dem oft heftigen beruflichen Druck gemeinsam tätig zu sein. Aber das war offenbar die Art der ehelichen Beziehung, die Aquila und Priscilla miteinander verband. Sie waren nicht nur Ehegefährten und zwei sich Liebende, sondern sie müssen auch gute Freunde und Arbeitsgehilfen gewesen sein, bereit, sich gegenseitig mehr zu geben als zu nehmen. Sie hatten bereitwillig gegenseitig Vorschläge zu akzeptieren wie auch zu unterbreiten. Sie freuten sich über ihr Zusammensein und über ihre gemeinsame Arbeit. Es war eine gute Ganzheitsverbindung.

Als sie in Korinth ankamen, suchten sie nach einem geeigneten kleinen Laden am Marktplatz, und bald gelang es ihnen, ihr Geschäft der Teppichweberei aufzubauen. Der Zeitpunkt war offensichtlich von Gott bestimmt, denn sie hatten sich kaum in Korinth niedergelassen, als ein Berufskollege frisch von einem evangelistischen Feldzug aus Athen in der Stadt ankam. Es war der Apostel Paulus. Immer wenn er eine Stadt betrat, ging er über den Marktplatz und suchte nach Gelegenheiten, von Jesus zu reden. Er war stets darauf bedacht, Gottes Weisungen für seinen weiteren Dienst zu erfüllen. Natürlich hielt er auch nach Arbeit Ausschau, um sich neben seinem Dienst den Lebensunterhalt zu erwerben. Es war unvermeidlich, daß er dabei auf den Teppichladen von Aquila und Priscilla stieß. Die Bibel berichtet uns die Geschichte so: „Darnach schied Paulus von Athen und kam nach Korinth und fand einen Juden mit Namen Aquila, von Geburt aus Pontus, welcher war neulich aus Italien gekommen samt seinem Weibe Priscilla, darum daß der Kaiser Claudius geboten hatte allen Juden, zu weichen aus Rom. Zu denen ging er ein; und dieweil er gleichen Handwerks war, blieb er bei ihnen und arbeitete (sie waren aber des Handwerks Teppichmacher)“ (Apg. 18, 1—3).

Ihre Wesensverwandtschaft zeigt sich im Umgang miteinander spontan, und eine tiefe und dauerhafte Freundschaft wurde von jenem Tag an begründet. Paulus arbeitete nicht nur in ihrem Laden, er lebte auch mit ihnen in ihrem Haus während seines Aufenthaltes in Korinth. Wenn sie bis dahin Christus noch nicht kennengelernt hatten, dann begegneten sie ihm bestimmt jetzt, denn niemand konnte in der Gegenwart des Paulus von seiner ansteckenden und glühenden Liebe zu seinem Heiland und Erlöser unbeeinflußt bleiben. Aquila und Priscilla, die zusammen lebten, zusammen arbeiteten und die Verbannung zusammen erduldeten, lernten gemeinsam Jesus Christus kennen und lieben, und das stärkte ihre Ehe noch mehr. Nun waren sie eins in Christus, und seine Liebe war das krönende Band dieser Gemeinschaft.

Vielleicht ist es gerade das, was Ihre Ehe braucht. Wenn einer von Ihnen noch nicht sein Vertrauen ganz auf das Opfer, das Christus für unsere Sünden gebracht hat, gelegt hat, kann Ihre Ehe nicht wahrhaft erfüllt sein. Wahres Einssein kann nur in Christus gefunden werden.

Von dem Tage an, als Aquila und Priscilla dem Heiland begegneten, wuchsen sie gemeinsam in der Erkenntnis des Wortes Gottes. Ohne Zweifel gingen sie an jedem Sabbat mit Paulus in die Synagoge und hatten teil daran, wie er mit den Juden und Griechen über die Dinge des Glaubens sprach und ihnen Mut machte, ihr Vertrauen auf die Erlösung ganz in Christus zu gründen (Apg. 18, 4). Nicht alle nahmen sein Zeugnis an. Einige widerstanden und lästerten Gott. Deshalb zog sich Paulus bald von der Synagoge zurück und fing an, im Hause des Titus Justus zu lehren. Und Gott segnete seinen Dienst. Sogar der Oberste der Synagoge nahm Christus an. „Er saß aber daselbst ein Jahr und sechs Monate und lehrte sie das Wort Gottes" (Apg. 18, 11). Man stelle sich vor: 18 Monate intensives Bibelstudium unter dem größten Bibellehrer in der frühen Gemeinde. Wie müssen Aquila und Priscilla gewachsen sein!

Wenn die Stunden beendet waren, saßen die drei vermutlich oft noch in ihrem Haus bis in die frühen Morgenstunden beisammen und sprachen über den Herrn und sein Wort.

Die Liebe zu Gottes Wort wuchs. Obwohl sie lange und hart arbeiten mußten, um ihr Geschäft in Gang zu halten, und zudem noch ein Haus unterhielten, in dem oft Gäste herbergten, fanden sie immer Zeit zu ernsthaftem Bibelstudium. Das gemeinsame Lesen des Wortes festigte ihre Liebe zueinander und den Geist der Zusammengehörigkeit.

Genau das ist es, was vielen christlichen Ehen fehlt. Eheleute müssen gemeinsam die Bibel aufschlagen und das Wort Gottes lesen. Bei einem Pfarrer ist das nicht schwierig. Wenn ich mich auf eine Predigt vorbereite, spreche ich mit meiner Frau oft darüber und erfahre ihre Gedanken über den Bibelabschnitt, den ich gerade studiere. Wenn sie sich auf eine Frauenstunde vorbereitet, braucht sie manchmal meine Hilfe zum besseren Verständnis eines bestimmten Verses, und schon trifft es sich, daß wir das Wort gemeinsam betrachten. Aber bei Ihnen zu Hause ist es vielleicht schwieriger, besonders wenn Sie es noch nie getan haben. Die biblische Unterweisung in der Bibelstunde und die gemeinsame Vorbereitung darauf kann dabei ein guter Anfang sein. Das Lesen und das gemeinsame Gespräch über biblische Literatur ist eine weitere Hilfe. Wenn wir ein biblisches Buch gemeinsam lesen, wird Gott zu unserem Leben sprechen. Gottes Wort ist stets ein notwendiger Bestandteil zur Bereicherung unserer ehelichen Beziehung.

Die in dem Bericht der Apostelgeschichte dann folgenden Ereignisse machen deutlich, wie tief und gründlich Aquila und Priscilla Gottes Wort aufnahmen. Als Paulus Korinth verließ, um nach Ephesus zu gehen, begleiteten sie ihn. Er ließ sie dann dort zurück und schiffte sich ein nach seiner Heimatgemeinde in Antiochien (Apg. 18, 18—22). Dieser Aufbruch war göttliche Führung, denn als Paulus abgereist war, ,,kam aber gen Ephesus ein Jude mit Namen Apollos, von Geburt aus Alexandrien, ein beredter Mann und mächtig der Schrift. Dieser war unterwiesen im Weg des Herrn und redete mit brünstigem Geist und lehrte mit Fleiß von dem Herrn, wußte aber allein von der Taufe des Johannes. Dieser fing an, frei zu predigen in der Schule. Da ihn aber Aquila und Priscilla hörten, nahmen sie ihn zu sich und legten ihm den Weg Gottes noch fleißiger aus“ (Apg. 18, 24—26).

Aquila und Priscilla hörten Apollos an und waren von seiner Aufrichtigkeit, seiner Liebe zu Gott, seiner Kenntnis der alttestamentlichen Schriften und seiner brillanten Redegewandtheit tief beeindruckt. Er könnte im Dienst Jesu Christi segensreich wirken, so dachten sie, aber seine Botschaft war unvollständig. Neben dem Alten Testament kannte er nur die Botschaft Johannes des Täufers, der Vorläufer des kommenden Messias war. ,,Da ihn aber Aquila und Priscilla hörten, nahmen sie ihn zu sich und legten ihm den Weg Gottes noch fleißiger aus“ (Apg. 18, 26). In Liebe und Geduld sprachen sie mit ihm über das Leben und den Dienst Jesu Christi auf Erden, über sein Opfer und seinen stellvertretenden Tod am Kreuz auf Golgatha für die Sünden der Welt, über seine siegreiche Auferstehung aus dem Grab und seine herrliche Himmelfahrt. Sie sprachen auch über die Notwendigkeit der persönlichen Erlösung von der Sünde durch den Glauben an sein vollbrachtes Werk, das Kommen des Heiligen Geistes an Pfingsten und die Entstehung der Gemeinde Christi, sowie über andere große neutestamentliche Heilswahrheiten.

Aquila und Priscilla sind wahrscheinlich keine großartigen öffentlichen Redner geworden, aber sie wurden vollmächtige Zeugen und Lehrer. Sie waren bereit, die nötige Zeit aufzubringen, um einen jungen Mann geistlich zu betreuen und zu unterweisen. Apollos war klug und von schneller Auffassungsgabe. Er nahm die Wahrheit, die sie ihn lehrten, begierig auf und machte sie zu einem Teil seines Lebens und Dienstes. Seine Begegnung mit Aquila und Priscilla hatte zur Folge, daß er ein brauchbarer Knecht Gottes wurde, den einige Korinther später im gleichen Rang mit Petrus und Paulus einstuften (1. Kor. 1, 12).

Die meisten von uns werden wahrscheinlich keine vollmächtigen Prediger werden, aber wir können treue Lernende des Wortes sein, und unser Heim kann offen sein für Menschen, deren Herzen hungrig sind nach dem Wort Gottes. Vielleicht empfangen auch wir das beglückende Vorrecht, einem „jungen Apollos" die lautere vernünftige Milch des Evangeliums von Jesus Christus darzureichen, so daß er eines Tages ein weites Arbeitsfeld bekommt, um in Vollmacht im Dienste Jesu Christi zu stehen.

Aquila und Priscilla verdienten nicht nur gemeinsam ihren Lebensunterhalt und wuchsen gemeinsam in dem Wort, sie dienten auch gemeinsam dem Herrn. Wir wissen es von dem, was wir bereits betrachtet haben, aber es gibt noch eine weitere bemerkenswerte Tatsache in ihrem christlichen Dienst. Als Paulus auf seiner dritten Missionsreise Antiochien verließ, reiste er auf dem Landwege durch Kleinasien und kehrte nach Ephesus zurück, wo er ungefähr drei Jahre blieb, um dort das Wort Gottes zu lehren (siehe Apg. 20, 31). Während dieser Zeit schrieb er seinen ersten Brief an die Gemeinde in Korinth, in dem es am Schluß heißt: „Es grüßen euch die Gemeinden in Asien. Es grüßt euch sehr in dem Herrn Aquila und Priscilla samt der Gemeinde in ihrem Hause" (1. Kor. 16, 19). Ihr Haus war also ein Treffpunkt der Gemeinde in Ephesus.

Und das sollte nicht das letzte Mal sein, daß ihr Zuhause diesem Zweck diente. Als Paulus Ephesus verließ und nach Griechenland reiste, standen Aquila und Priscilla offensichtlich in dem Glauben, daß Gott sie zurück nach Rom führen wollte. Kaiser Claudius war gestorben, die Gefahr gebannt, und Rom brauchte ganz gewiß ein besonderes Zeugnis von Jesus Christus. Also brachen sie auf!

Paulus schrieb auf seiner dritten Missionsreise von Griechenland aus seinen Brief an die Römer, in dem es heißt: „Grüßet die Priscilla und den Aquila, meine Gehilfen in Christo Jesu, welche haben für mein Leben ihren Hals dargegeben, welchen nicht allein ich danke, sondern alle Gemeinden unter den Heiden. Auch grüßet die Gemeinde in ihrem Hause“ (Röm. 16, 3—5). Kaum waren sie in Rom angekommen, bildete sich auch schon eine Gemeinde, die sich in ihrem Haus traf. Gemeinden in neutestamentlichen Zeiten waren kaum in der Lage, Häuser zu bauen, und wenn sie es gekonnt hätten, wäre es im Hinblick auf den ständigen Druck und die Verfolgung nicht klug gewesen, dies zu tun. Deshalb trafen sie sich hin und her in den Häusern. Und das Haus von Aquila und Priscilla stand immer offen für Menschen, die mehr über Christus erfahren wollten, ebenso für Christen, die Gottes Wort liebten.

Heute gibt es viele Kirchen und Gemeindehäuser, sie können aber nicht das private Heim ersetzen als Bildungsstätte für geistliches Leben und geistliches Wachstum. Es gibt Christen, die andere zum Essen einladen, um ihnen auf diese Weise ein persönliches Zeugnis sagen zu können. Hausbibelkreise sind besonders geeignet, um Verlorene zu erreichen oder die Gläubigen zu neuem Wachstum im Glauben und im Wort Gottes anzuregen. Junge Leute empfangen oft großen Gewinn durch Erwachsene, die ihr Zuhause christlichen Jugendgruppen geöffnet haben. Die Möglichkeiten, unser eigenes Heim zu gebrauchen, um dem Herrn zu dienen, sind groß. Dies wäre für Eheleute ein guter Anlaß, gemeinsam dafür zu beten und darüber zu sprechen.

Schließlich findet sich in dem Buch an die Römer eine kurze Aussage in dem bereits erwähnten Grußwort, die wir nicht überlesen sollten: „Welche haben für mein Leben ihren Hals dargegeben, welchen nicht allein ich danke, sondern alle Gemeinden unter den Heiden.“ Wir wissen nicht, worauf Paulus sich hier bezog und wann dies geschehen war, aber irgendwo und irgendwie setzten Aquila und Priscilla ihr eigenes Leben ein, um Paulus zu retten. Und dafür sollten wir Gott besonderen Dank sagen. Unser Wissen um göttliche Wahrheit wäre ohne die Briefe, die Paulus durch göttliche Eingebung schrieb, unvollständig. Seine beiden Freunde waren bereit, sogar ihr Leben für ihn einzusetzen und es so ganz in den Dienst des Heilands zu stellen.

Aquila und Priscilla werden noch einmal im Neuen Testament erwähnt, und zwar in dem letzten Kapitel des letzten Briefes, den der Apostel Paulus geschrieben hat. Es waren inzwischen 16 Jahre vergangen, da Paulus sie zum ersten Mal in Korinth getroffen hatte, und nun befand er sich zum zweiten Mal in einem römischen Gefängnis. Sein Tod stand drohend bevor. In dieser Situation schrieb er: „Grüße Priska und Aquila und das Haus des Onestphorus" (2. Tim. 4, 19). Er denkt an seine lieben Freunde, die sich wieder in Ephesus befanden, wo Timotheus im Dienst stand. Es war nur ein kurzer und einfacher Gruß, in dem Paulus die Abkürzung des Namens Priscilla gebrauchte, der uns an verschiedenen anderen Stellen schon begegnet ist. Es war die vertrauliche Koseform. Paulus wünschte sich, daß seine beiden getreuen Gefährten in den letzten Stunden seines Lebens an ihn dachten.

In diesem kurzen Vers können wir eine weitere interessante Beobachtung machen. Priscillas Name wird zuerst vor Aquila genannt. Tatsächlich steht ihr Name an vier von sechs biblischen Bezugsstellen an erster Stelle. Das ist ungewöhnlich! Die meisten Stellen in der Bibel, die sich auf Ehemann und Ehefrau beziehen, nennen den Mann zuerst. Warum hier nun diese umgekehrte Rangfolge? Verschiedene Erklärungen sind möglich, aber die am meisten überzeugende scheint zu sein, daß Priscilla die begabtere von den beiden war und geistlich die führende Rolle einnahm. Aber es wird auch deutlich, daß dies niemals ihre Liebe zueinander noch ihr Verständnis füreinander oder ihre Fähigkeit zu gemeinsamer Arbeit beeinträchtigte.

Nicht immer verlaufen die ehelichen Dinge so harmonisch. Manche Ehemänner fühlen sich bedroht, wenn ihre Frauen klüger und fähiger sind als sie selbst, und um Probleme zu vermeiden und das Gesicht zu wahren, sind sie deshalb manchmal geistlich völlig verschlossen. Es fällt ihnen leichter, überhaupt nicht in Erscheinung zu treten, als im Schatten ihrer Frauen stehen zu müssen. Andere werden tyrannisch in ihrem aggressiven Bemühen, ihre Autorität zu verteidigen.

In manchen Fällen tragen die Frauen die Schuld. Sie scheinen etwas unter Beweis stellen zu müssen; sie wetteifern mit ihren Ehemännern um den ersten Platz und sind begierig auf Autorität und Vorrang. Es wundert nicht, daß die Ehemänner sich dann verletzt und bedroht fühlen. Gottes Rangordnung in der Ehe bleibt unveränderlich. Wenngleich die Frau mitunter intelligenter und geschickter als ihr Mann sein mag, möchte Gott dennoch, daß sie ihn als ihr Haupt ansieht. Das ist nicht immer leicht für eine außerordentlich begabte Frau, aber Priscilla tat es. Sie wetteiferte nicht mit Aquila.

Sie gebrauchte ihre von Gott gegebenen Fähigkeiten als Gehilfin ihres Mannes zur Ehre Gottes. Ich bin gewiß, daß Aquila viele Male Gott gedankt hat für seine Frau und ihren klugen Rat immer gerne annahm. Sie war eine der wahrhaft befreiten Frauen dieser Welt, denn es gibt keine Freiheit, die mehr Freude und mehr Zufriedenheit bringt, als die Freiheit, die aus dem Gehorsam gegenüber Gottes Wort kommt.

Wie stehen Sie dazu?

1. Nehmen Sie jede Gelegenheit wahr, Christus zu bekennen, so wie Paulus es tat? Überträgt sich Ihre Liebe zu Christus auf die Menschen Ihrer nächsten Umgebung? Wie können Sie diesen Bereich Ihres Lebens verbessern?
2. Welchen Anteil haben Sie an dem geistlichen Wachstum anderer? Was könnten Sie noch tun, um anderen Gottes Wort weiterzugeben?
3. Wie können Sie Ihr eigenes Heim sinnvoller dazu gebrauchen, dem Herrn zu dienen?
4. Betrachten und lesen Sie miteinander Gottes Wort? Besprechen Sie mit Ihrem Ehepartner, welche Art gemeinsamen Bibelstudiums nach Ihrer Meinung für Sie am besten ist; fassen Sie dann den Entschluß, es regelmäßig zusammen zu tun.
5. Für Ehemänner: Stört es Sie, wenn Sie durch Ihre Frau in den Schatten gestellt werden? Wie sollten Sie sich nach Gottes Willen bei solchen Gelegenheiten ihr gegenüber verhalten?
6. Für Ehefrauen: Sind Sie Ihrem Mann bedrohlich, weil Sie eifrig darum bemüht sind, auf bestimmten Gebieten Ihre Überlegenheit zu beweisen? Suchen Sie bei anderen auf seine Kosten Lob und Ansehen? Wie können Sie solche Fehler vermeiden?
7. Gibt es Gelegenheiten, bei denen Sie das Gefühl haben, daß Ihr Mann Sie in der Öffentlichkeit schlecht macht? Sprechen Sie mit ihm darüber und überlegen Sie gemeinsam, wie das zu vermeiden ist.
8. Wenn Sie und Ihr Ehepartner erwägen, gemeinsam ein Geschäft zu betreiben, welche Probleme sehen Sie dabei auftreten? Was könnten Sie jetzt tun, um solche Probleme zu vermeiden?
9. Wie können Sie ein besseres Zeugnis sein für die Einheit in Christus als Mann und als Frau?